U0124763

大众金融

商业银行的进化之路

田国立 / 主编

中信出版集团 | 北京

图书在版编目（CIP）数据

大众金融 / 田国立主编 . -- 北京 : 中信出版社，
2023.8（2023.10重印）
ISBN 978-7-5217-5836-8

Ⅰ. ①大…　Ⅱ. ①田…　Ⅲ. ①金融－中国－通俗读物
Ⅳ. ① F832-49

中国国家版本馆 CIP 数据核字 (2023) 第 111860 号

大众金融
主编：　田国立
出版发行：中信出版集团股份有限公司
（北京市朝阳区东三环北路 27 号嘉铭中心　邮编　100020）
承印者：　北京通州皇家印刷厂

开本：787mm×1092mm 1/16　　印张：18.25　　字数：197 千字
版次：2023 年 8 月第 1 版　　印次：2023 年10月第 5 次印刷
书号：ISBN 978-7-5217-5836-8
定价：85.00 元

《大众金融》编委会

主　　编： 田国立

副 主 编： 纪志宏　陈孝周

编写组成员： 李海峰　李一阳　陈键超

李小平　李向峰　茅　凯

张燕霞　陈　杰　沈志鹏

前言

数字金融革命给金融业带来强大冲击，最显著的一点是数字技术使得大多数人能平等获得金融资源，改变了传统商业银行的“二八”盈利模式，让金融能为大多数人服务。

对于商业银行来说，面对这个改变，要解决的具体问题很多。五年前，我们以“三大战略”开始了“第二曲线”的转型发展。这个过程是艰难的，但也取得了可喜的成果。这个“转型发展”从本质上说是对商业银行进化之路的探索。本书将这个探索过程的基本思路进行了梳理，对所实现的新模式进行了总结分析，多位奋斗在基层一线的亲历者提供了宝贵的实际案例。

本书完稿之时，又传来硅谷银行倒闭、瑞信被瑞银收购的坏消息，金融业的道德风险日益带来社会焦虑，越来越多的人批评金融加剧了贫富分化……还有 ChatGPT-4 的出场，也让银行工作者开始担心自己的工作是否很快被人工智能替代，担心一段时间以来的那种说法——银行是否会消失？

正是这些让人不安的问题，让我觉得更有必要通过本书为人们展现一家大型商业银行的进化过程，让人们看到金融从业者如何面对挑战走出舒适区，在解决社会痛点问题的过程中提升每个人的工作价值。我相信，对于商业银行来说，面对数字化和人工智能的挑战，面对一些社会质疑，重要的不是坐而论道，而是及时采取行动。

本书以“大众金融”为题，并不是想为大众普及传统金融理论。相反，“大众金融”是我们通过实践获得的一种金融模式。这些实践证明：数字化革命让金融能为大多数人服务，而服务大多数人才能让金融回归本源，成为推动社会进步的力量。这一方面是数字革命带来的历史必然，一方面也是金融行业顺应历史发展的自觉行为。

当然，这个进化还并未完成，作为一家金融大机构，在合规的前提下创新，仍有不少固有的绩效指标让人困惑，很多问题的解决需要假以时日。也因为如此，我期待本书的案例能够为建设银行的同事们提供更清晰的方向，为持续推进创新提供具体的支持和帮助。进一步说，若是本书能让社会大众对商业银行增加一些了解，在选择金融服务产品时增加一些便利，则更会令人欣慰。

田国立

目录

第一章

新的逻辑

高活力经济的特征是从草根阶层向上蔓延，遍布整个经济永不停歇的构想、实验和开拓的精神，并且在幸运和智慧的帮助下最终完成创新。

——埃德蒙·费尔普斯，《大繁荣》

新金融时代到来

工业技术革命的推动

从世界金融发展的历程看，工业革命、技术创新是金融发展与变革的重要力量，催生了金融领域业态、模式和产品的不断涌现。

在第一次工业革命中，蒸汽机的出现带来生产力的大发展，加速了现代商业银行的产生。18 世纪中后期，英国率先开始工业革命，进入经济增长的“蒸汽时代”。随着社会变革与新技术的发明，英国工商业迅猛发展，推动了银行体系的扩张，初步形成由英格兰银行、伦敦私人银行和伦敦以外的乡村银行构成的三级银行网络，为第一次工业革命注入资本燃料和动力。1825 年金融危机后，英国对金融体制进行了重大改革，大力发展股份制银行，同时规定英格兰银行为唯一货币发行银行，以提升金融体系稳定性和抗风险能力，自此逐渐建立了具有现代意义的中央银行制度。

在第二次工业革命中，电气化的普及推动了规模化产业的诞生，产生的巨额资金需求加速了现代投资银行的出现。第二次工业革命将人类带入“电气时代”，重塑了美国的工业体系。19 世纪以后，美国经济飞速发展，大规模建设铁路和自来水系统，而这些公共基础设施建设需要大量的资金，单独的企业、个人显然没有能力承担建设公共项目所需的巨额资本，由此出现了面对公众的筹资——首次公开募股（IPO），现代投资银行业由此产生。投资银行通过承销有价证券，集聚投资者财富，为企业提供项目融资，对实体经济发展产生了巨大的推动力。

在第三次工业革命中，能源、计算机、空间技术和生物工程等创新全面爆发，开创了“信息时代”，科技成果转化的高效要求加速了创业投资体系的发展。随着学术界研究成果向工业界产品转化的链条被打通，强大的产业创新集群催生了对风险资本的需求，形成了通过直接投资获得公司股权的风险投资方式。随着信息化浪潮的兴起，首批风险投资获得了高额回报，吸引了越来越多的资金涌入，风险投资行业诞生。

在前三次工业革命中，大量新技术直接被金融业应用，从而又衍生出许多新的金融服务。如19世纪中叶铁路和电报的发展推动银行发展了其分支机构，海底电缆的运用使得国际金融交易成为可能。20世纪，经济飞速发展带来了金融交易的急剧增长，然而金融行业在簿记、会计、清算、交割方面采用的人工方式严重限制了市场的发展。随着交易规模的扩大，各证券机构的清算交割业务显得越来越原始和落后。1968年，证券交易量的大幅度增长终于引发了清算交割的危机，导致100多家证券公司倒闭。20世纪70年代，电子计算机和通信技术的应用，成倍地提高了金融信息处理能力，使得传统的金融业务转变为自动化操作，提高了交易的时效性和精准性。1971年，美国全国证券交易商协会设立了世界上第一家电子股票交易市场——纳斯达克证券市场（NAS-

DAQ)。此外，电子技术与通信技术的应用，大大便利了国际支付和国际金融交易，促进全球金融市场一体化的形成。

以数字化为代表的第四次工业革命已经来临，5G、云计算、大数据、人工智能等新一代信息技术迅猛推进，信息技术与传统产业加速融合，金融业创新再次提速。“上云用数赋智”助力各行各业数字化转型，推动数字经济蓬勃发展，更快、更便捷，成为人类社会的共同追求。数据、算法等作为数字经济时代生产力的新型要素，已经成为社会经济正常运行的支柱。与以往各类技术进步不同，数字化在提升社会生产力的同时，在推动生产关系变革方面发挥的作用更为明显。平台化改变了工业时代集中、线性的“管道经济”模式，重构生产、分配、交换、消费的内在关系，成为数字时代的标志。金融业作为现代社会的枢纽，与各行各业紧密联系、深刻互动，使得信息高度集中。数字化给金融业带来的冲击和影响十分广泛而深远，金融服务模式改造升级和经营管理重构势在必行。

中国金融业沧桑巨变

从1905年晚清政府成立户部银行（后改为“大清银行”）开始，中国有了现代意义上的中央银行，距今不到120年；到1948年国民党政府币制改革失败，距今刚过70年；如今，中国共产党领导下的中国金融，经沧桑巨变，重获新生。

在金融体系探索期（1949—1977年），我国实行计划经济体制，社会主义金融体系在曲折中艰难探索。我国参照苏联模式建立起了以中国人民银行为中央银行的高度集中统一的计划经济管理体制和国家银行体系，外汇管理按指令性计划运行，利率价格由中国人民银行制定并执行。政府以行政手段配置资源，金融在国民经济的运行中扮演着“出纳”的角色，在整个过程中只是计算标准、支付中介和结算手段。在这一阶段的中国，事实上并不存在现代意义上的金融体系。

在金融体系建设期（1978—1992 年），我国金融改革开放启动，金融体系逐步建立，并开始向法制化发展。改革开放打开了国人的视野，金融体系在制度层面大量借鉴了发达国家的成功经验。1978 年，中国人民银行总行从财政部分离而独立出来，标志着现代中国金融体系建设的开始。自 1979 年起，中国农业银行、中国银行、中国建设银行、中国工商银行等相继重建或新设。1992 年国务院证券委员会和中国证券监督管理委员会成立，实施金融业“分业经营、分业监管”。经过这个时期的发展，中央银行制度框架基本确立，中国人民银行领导下的商业银行的职能开始逐渐明晰，业务范围开始扩大，各地相继组建信托投资公司、金融租赁公司等非银行金融机构，资本市场开始发展，股票交易、期货市场等陆续规范，适应新时期改革开放要求的金融体系显露雏形。

在金融体制改革深化期（1993—2001 年），适应社会主义市场经济的金融体制探索开启，金融体系各系统职能更加清晰完善。1993 年国务院颁布《关于金融体制改革的决定》，明确了中国人民银行制定并实施货币政策和实施金融监管的两大职能，并提出要把我国的专业银行办成真正的商业银行。1999 年《中华人民共和国证券法》正式实施，推动资本市场发展。这个时期，金融改革继续深化，中国人民银行的货币调控职能加强，政策性银行建立，银行证券法制化继续深化，金融体系各系统职能更加清晰完善，期货等新兴金融业继续发展。

在金融改革开放加速期（2002—2011年），金融业的改革开放步伐加快，金融监管格局形成，国有金融机构重组改制，外资金融机构进入。2001年12月中国正式加入世界贸易组织（WTO），我国金融业开始从政策性开放转向制度性开放。2003年我国金融管理"一行三会"格局形成，全方位覆盖银行、证券、保险三大市场。同期，国有金融机构的重组启动，国有四大商业银行陆续完成股份制改造并在上海和香港上市。合格的境外机构投资者（QFII）制度开始实施，人民币汇率实行浮动汇率制度。在这一时期，我国颁布了一系列法律法规。同时，外资金融机构的进入也拓展了我国金融机构的视野，提高了我国金融机构的管理和服务水平。

在中国特色社会主义新时代金融发展期（2012年至今），中国特色社会主义进入新时代，全面深化金融改革，防范金融风险，扩大金融业对外开放。在此期间，我国出台一系列深化金融体制机制改革和完善金融市场运行的重要举措：加速利率市场化进程，建立"货币政策+宏观审慎政策"的双支柱金融调控政策框架；整治金融乱象、防范系统性金融风险；成立亚投行、丝路基金等全球合作层面的金融机构；内地股市与香港股市的"沪港通"投入运行。这个阶段的金融探索主要集中在全面深化金融改革、打赢防范金融风险攻坚战和加大开放力度等方面。

我国金融业取得了历史性成就，金融供给侧结构性改革持续深化，金融开放稳步扩大，统筹发展与安全，有力地推动了经济高质量发展。2022 年，中国银行业机构总资产规模达到 379 万亿元，居全球首位（见图 1-1）。按照一级资本规模排序，在全球银行 1 000 强榜单中中国有 140 家；在前十强榜单中，工商银行、建设银行、农业银行、中国银行和交通银行名列其中。世界银行发布的《2021 年全球金融包容性指数报告》显示，中国成人账户拥有率为 89%，高出全球 13 个百分点。目前，全国乡镇银行机构网点覆盖率超过 97%，行政村基础金融服务覆盖率 99%。全国银行业资本充足率 14. 87%，拨备覆盖率 203. 78%，有较强的风险抵御能力。随着利率市场化不断深入，上海、海南等自贸区的设立，为我国金融开放注入了新动力。

从总体上看，一国的金融体系与其经济发展阶段的关系、服务功能在现实社会生活中作用的程度，决定了这一体系的发展阶段。在我国，金融的形成和发展深刻反映了我国社会的结构性变化。

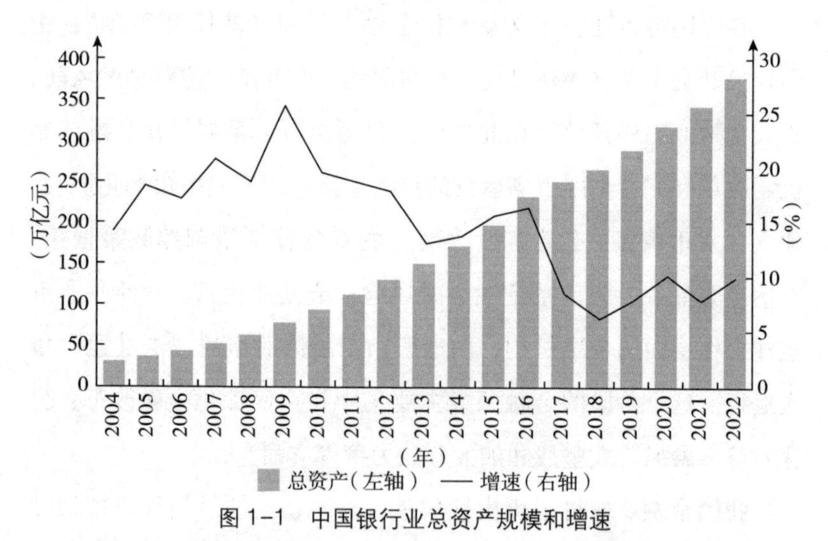

图 1-1　中国银行业总资产规模和增速

资料来源：万得资讯。

喜也金融，忧也金融

进入21世纪后，伴随着全球化经济的繁荣，推动经济高速发展的金融业也发展到巅峰时刻，金融已经成为世界财富舞台上的主角。2005年，《财富》世界500强榜单中金融机构占据111个席位，超过1/5。华尔街成为精英人才趋之若鹜的“圣地”。但是，如同刘俏在《我们热爱的金融》一书中所说：“几乎在任何文化中，金融其实都有两张脸——在被公众追捧的同时，却拥有并不亮丽光鲜的社会形象。”伴随着金融的高光时刻，金融危机也步步跟随。

2008年7月中旬，时任美国财政部长亨利·保尔森意识到了美国房地产抵押贷款巨头“两房”——房地美和房利美的危险，这两家公司出现了700亿美元巨额亏损，但社会各界并未足够重视。2008年9月15日，受此拖累，雷曼兄弟破产，金融危机通过信用、贸易、资本流动等渠道迅速席卷世界各国。危机表面是由次级房贷引起，实际也是金融过度逐利而对风险长期忽视所致。

“绝大多数美国人，不仅仅是穷人，都因为基本生存问题而备感忧虑；2008年的金融危机，以及随之而来的经济大萧条，让成千上万的家庭失去房产或面临被银行收回抵押房产的风险，与此同时也导致870万人失业……”① 次贷危机导致2009年美国经济下滑2.6%，失业率由2007年的5%上升到10%。此次金融危机也

① 约瑟夫·E. 斯蒂格利茨. 重构美国经济规则［M］. 张昕海，译. 北京：机械工业出版社，2017.

被认为是自美国1929年“大萧条”以来最严重的危机。

1997年的亚洲金融危机也令人记忆犹新。1997年7月2日，受美国金融投机商索罗斯等一帮国际炒家的持续猛攻，泰铢被迫放弃紧盯美元的汇率制度，当日贬值达30%，东南亚金融危机全面爆发。随后，马来西亚、新加坡、日本、韩国和中国香港等国家和地区受到强烈冲击。根据亚洲开发银行的数据，受1997—1998年亚洲金融危机波及国家的国民生产总值平均减少了8.5%，日本、泰国等国的金融体系更是遭到了严重破坏。

“银行和非银行的信贷扩张远远超过了实体经济，或者信用高度集中在房地产和股票市场，几乎必然会引起麻烦……在不首先加强监管的情况下推动金融和资本账户自由化，将导致灾难。”①亚洲金融危机影响深远，到现在为止，东南亚国家仍频繁被曝成为国际金融机构做空的对象。

实际上，自20世纪70年代之后，世界各国频繁爆发的金融危机就似乎成为挥之不去的阴霾。据不完全统计，从1970年至今，被主流观点认定的世界各国的金融危机有11次（见图1-2）。每次危机都对相关国家和地区产生了巨大的冲击，金融系统也陷入严重混乱。

如果说金融危机是一种剧烈的“疼痛”，贫富差距悬殊则是传统金融体系难以缓解的慢性病。当前的金融体系从工业化中走来，而工业化又是一个资本增密、资本作用增强的过程。金融本

---

① Morris Goldstein. The Asian Financial Crisis：Causes，Cures，and Systemic Implications [J]. *Canadian Public Policy*，1998.

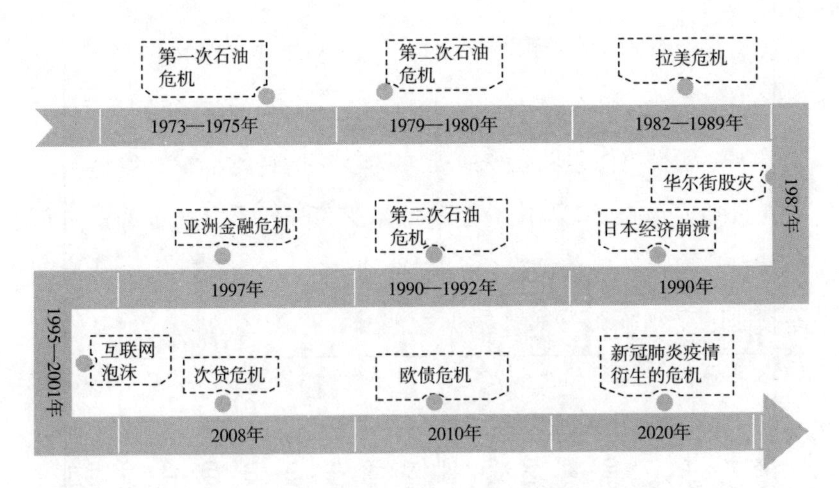

图 1-2　1970 年以来全球主要金融危机时间点

身具有杠杆作用，在资本的主导权高于其他要素的背景下，按照金融自由化的发展思路，必然是资本占用越多的人财富积累越多，社会贫富差距扩大。从 20 世纪 70 年代开始，美国前 5%人群的收入和后 20%人群的收入的比值持续上升。到 2021 年，已经从 20 世纪 70 年代的 16 倍左右，扩大到了 32 倍左右（见图 1-3），收入差距的不断扩大加剧了社会矛盾。

2011 年 9 月，“占领华尔街”运动的爆发，凸显出社会大众对金融导致不公平的愤怒。亨利·保尔森也曾总结道：“当面临十分棘手的挑战时，从来没有完美、优雅的解决方案……也不可能以一种大家都认为足够公平和迅速的方式使用救助法案。”危机也似乎成为富人扩大贫富差距的帮手。截至 2021 年年末，美国前 1%人群的财富达到 45.9 万亿美元，超过 90%的尾部居民财富总和，而这 1%人群的财富在新冠肺炎疫情期间增长超过 1/3。

我国金融业虽然没有发生过系统性危机，但由于生长在经济

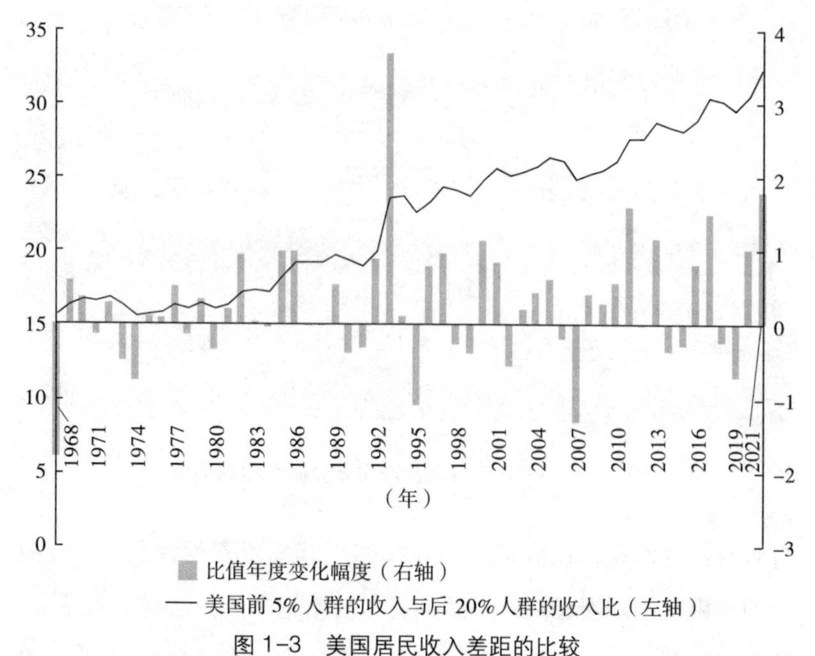

图 1-3 美国居民收入差距的比较

资料来源：万得资讯。

的高速发展阶段，也因此产生了具有中国特色的实际问题。

第一，在金融供给侧的不足，尤其是金融资源配置效率不高、金融与实体经济之间循环不畅的问题引发关注。我国经济长期高速增长，很多金融机构习惯于“赚快钱”。资本市场投资者投机心态较为严重，机构也频繁被曝出参与概念炒作和违规经营，社会长期投资资金较为缺乏。另外，社会整体对于投资收益率的预期较高，客户的金融行为也趋于短期化。

第二，金融市场结构不平衡，间接融资的主导地位未能发挥出相应的服务效能。据万得资讯的数据，2022 年年末，我国债券市场托管余额为 144. 8 万亿元，股票市场市值约 90 万亿元，远低于银行业资产规模。公募、私募、券商等资本市场参与者的资金和客户来源也高度依赖银行。银行在市场体量、业务影响方面都占据绝对主导地位，但服务范围多局限于“存贷汇”以及财务报表相对成熟的大中型企业，股权融资需求以及小微企业的贷款需求难以获得支持。多层次金融体系缺乏衔接，尤其是小微企业、科创企业等融资结构性错配问题突出。金融供给形成的社会边际效率较低，也衍生出一些风险隐患。一些实体企业的暂时性流动性困境，也因银行集中抽贷、断贷而转换为生存危机。金融服务形成了明显的“马太效应”：对于大企业，“有的，还要给它加上”；对于小微企业，“没有的，把它有的还要拿走”。

第三，金融业长期保持较高的利润增长，实体经济也有转向金融化的倾向，即实体经济金融化。2007 年有 770 家非金融上市公司（剔除房地产公司）进行了金融资产投资，占当年非金融类上市公司总数的比例约为 50%，2018 年则增加至 2 700 多家，占比高达 76%，这说明企业金融化现象普遍存在于非金融类上市公司中（见图 1–4）。在 P2P（个人对个人）借贷鼎盛时期，金融似乎变成了全社会参与的零门槛行业。当然，随之而来的是企业“爆雷”、金融诈骗高发。一些理发店、健身房也在充值业务中用足了“跨期经营”的金融思路，但诈骗、“跑路”事件也时有发生。

不可否认，建立在以利润为中心的基础上的传统金融体系，推动了生产力发展，为人类社会的物质进步做出了贡献，但难以摆脱的危机，使人们对建立在自由主义之上的传统金融提出了质疑。其实 1988 年《巴塞尔协议》中就体现了自由市场下监管思维的转变，开始强调在银行机构内部建立风险管理机制。面对次贷危

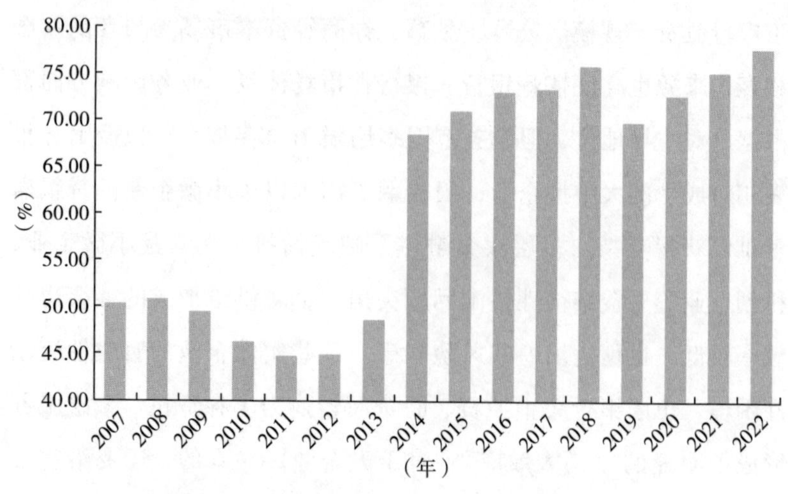

图 1–4　持有金融资产的上市公司数量占比

注：剔除金融业和房地产公司。

资料来源：万得资讯。

机暴露出的全球金融业管理漏洞，2010 年《巴塞尔协议Ⅲ》出台，对资本质量、银行内部风险评估等提出了更高的监管要求。从严监管能够在某种程度上遏制金融贪婪，提升金融体系自身对危机的吸收、处置能力。

新理念应运而生

1997 年，比尔 · 盖茨说："我们需要银行业，但我们不再需要银行。"

20 世纪末的技术革命，给传统零售业、媒体、运输业、旅游业的经营模式带来了巨大冲击。同时，新兴金融科技公司对传统银行业的挑战也正式拉开了序幕，并且越演越烈。

然而，真实的挑战并不仅仅来自技术。

21世纪初，金融危机加剧了社会精英对资本主义制度下的金融体系的质疑，其实即使在经济最繁荣的时期，这些讨论也从来没有停止过。在金融领域，各种创新和尝试也在如火如荼地开展着。

2006年，穆罕默德·尤努斯（Muhammad Yunus）因创建“穷人的银行”获得诺贝尔和平奖。在他看来，贷款不只是生意，而是如同食物一样，是一种人权。他开创和发展了“小额贷款”的服务，专门提供给因贫穷而无法获得传统银行贷款的创业者。

2014年，托马斯·皮凯蒂（Thomas Piketty）的《21世纪资本论》（*Capital in the Twenty-First Century*）问世，解决贫富扩大化的各种理论研究方兴未艾。“尽管我们身处世界各地，但要面对同样的问题——调和经济效率、社会公平与个人自由之间的矛盾。”罗伯特·希勒（Robert Shiller）在《金融与好的社会》（*Finance and the Good Society*）中指出，金融并不是也不应该是一场零和游戏，它应该一方面促进人类生命更有生产力，另一方面成为辛勤劳作者必得的成果。

在我国，党的十八大以来，党和国家的关注重心从经济增长转向高质量发展，尤为关注民生和弱势群体。在改革开放以来取得的财富积累的基础上，解决社会公平问题被提上更优先的议事日程。民生环境的改善和弱势群体生存发展及相关的社会热点、难点、痛点问题得到各级党委和政府的高度关注，各种社会资源逐步向这些领域聚集。在解决社会公平问题上的努力中，金融业的重要角色，也得到格外关注。

从经济环境背景看，随着经济动能转换和结构调整，以规模增长为标志的经济发展模式向质量效益型模式转变。以投资拉动为主要动力的经济增长模式持续长达30余年后，逐渐被消费升级带来的需求拉动为主的经济增长模式所替代。与此相适应，经济结构调整中，以民生改善为背景的产业、产品、服务、技术运用等进入前所未有的新发展阶段。金融业如何迎接这个新的机遇期？在中国经济经过30余年高速增长后，在各种制度红利、人口红利、生态红利、资源红利逐渐减弱，亟须优化资源、提升结构、加快经济转型的时代，金融业如何展现新的推动力？

从改革发展要求看，供给侧结构性改革要求各种经济资源流向市场的供应即产品一端。如果说以投资拉动为基础的传统金融在融资领域发挥了巨大作用，但在结构上，融资和信用杠杆的作用更多倾向于基础设施和虚拟经济，最终对产品数量和质量的推动作用有限，那么面对新时代改革发展的金融，该如何侧重于在高质量发展背景下以增进民生福祉、推动消费升级，从而夯实经济持续增长基础为己任呢？

从功能效用看，金融承担着社会治理中最重要的资源配置功能，是诸多社会难点与痛点问题的直接面对者，做得不好，便显冷酷；做得到位，便显温柔。因此，金融机构应主动成为一把“温柔的手术刀”，去破解经济社会的痛点，尤其是长期被“冷落”的“三农”、小微等金融服务问题。这些社会的痛点问题应该是金融关注的焦点，它们实际上也是新市场的重要增长点。

种种社会治理和经济转型的需求，呼唤着对金融体系的改革创新。

此时，技术在继续大步向前加速进化。基于区块链的金融创新，使得金融从业者开始重视技术的颠覆性能力。Libra（一种虚拟加密货币）、央行数字货币等应运而生，也触动了更多金融机构开展科技应用创新。

2007年，乔布斯推出iPhone，开启了移动智能时代。2013年，国内正式进入“4G元年”。随着移动互联时代的到来，国内互联网企业通过创新对传统金融业务发起了挑战。根据中国互联网络信息中心发布的第50次《中国互联网络发展状况统计报告》，截至2022年6月，我国手机网民数量达到近10.5亿人，这说明智能手机普及率已经超过了70%。在今天的中国，大多数人在手机上完成购物、社交、娱乐、投资、贷款等活动。虽然银行网点的功能被弱化，但金融服务前所未有地走进了千家万户。

2013年，余额宝的推出具有标志性意义。其主打余额增值服务和活期资金管理服务产品，改变了银行存款定价机制，并将理财门槛降低到1元，让长尾客户能够享受到过去在银行端难以享受到的金融服务。在余额宝崛起的几年里，吸引了众多存款人群，这也让传统金融业切实感受到了数字技术的震撼力量。

金融科技给人们打开了更广阔的金融发展视野，更多的金融新产品得以出现，更多的深层次社会问题得以解决。这些变化驱动了金融机构功能完善与配置、商业模式创新、产品结构和市场取向划分、客户演化和结构演替，也在重塑完全新型的金融生态。

此时，人们开始接受新的金融理念，商业银行必须探索不同于以往的金融服务模式。

为大众服务的金融

新的金融理念彰显的是以人为本的价值观，强调金融的社会功能和社会价值，将自身的利润追求建立在正向的社会效应基础上。正如老子所言："后其身而身先，外其身而身存。"这也是新金融战略重构的哲学根由。

"新"不是对传统的否定，而是在传统优势消失后重构新的优势。检视和解决传统金融体系下形成的社会金融痛点，需要新的观念、新的产品、新的金融工具、新的风控方法。

形成新的金融模式是一个渐进过程。它会带来监管格局的变化、政府与金融的关系变化、货币政策的依据变化。它将更深层次、更充分地回应社会金融服务需求和民生关切，把握新的商业机遇，形成新的战略路径。它要摆脱规模冲动，追求卓越服务，紧扣社会脉搏，担当社会责任，纾解社会痛点，分享社会价值，防范化解系统性风险于未萌，在弥补旧体系缺陷中拓展新市场，使银行的商业价值与社会功能实现有机统一。

金融是一种具有价值观的活动。"好"的金融要真诚地为企业家群体、社会大众提供直接的支持和服务，要成为一种社会大众追求美好生活的工具。我们要改变过去金融高高在上的服务理念，让金融走进大众、服务大众，并为满足大众生产生活所需而提供金融服务。新金融的本质是大众金融。

义利兼顾的金融伦理

金融伦理学阐释金融活动参与各方在金融交易中应遵循的道德准则和行为规范问题，公正、平等、诚信等都属于金融伦理学的核心范畴。金融伦理学将一些基本的金融服务，视作人应有的权利。学界和业界都认识到，金融行为不应该仅仅满足于法律的最低限度，而应将诸如公平等理念纳入实践行为之中。

杰里米·巴尔金（Jeremy Balkin）在《影响力投资：为什么说金融是一种向善的力量》（*Investing With Impact*）一书中写道，金融危机不只是一场金融危机，也是一场道德危机，存在着“令人震惊的道德缺失和短视的自利行为”。书中提出了衡量影响力投资所产生的利润和社会影响的6E模型，即经济状况（Economics）、就业（Employment）、赋权（Empowerment）、教育（Education）、道德（Ethics）、环境（Environment）。该书总结道：“做善事也可以获得财务回报，这才是最具创新性的金融、最有影响力的金融、最好的金融。”

利益相关者理论在以利润为中心的逻辑之外给出了新思路。1984年，爱德华·弗里曼（Edward Freeman）在《战略管理：利益相关者方法》（*Strategic Management: A Stakeholder Approach*）一书中对“利益相关者”的概念做出了较为系统的解释。他认为，“利益相关者是能够影响一个组织目标的实现，或者能够被组织实现目标过程影响的人”。这一内涵，不仅包括了影响企业目标实现的群体，还将受企业目标实现过程影响的群体也囊括进来，进而使利益相关者的范围扩展到公众、社区、政府、媒体、社会团体等。利益相关者理论对企业以“股东利益最大化”为目标提出了质疑，是对企业在社会发展中承担角色和应尽义务的再思考。

2004年，联合国首次提出“ESG”［环境（Environment）、社会（Social）和治理（Governance）英文首字母缩写］概念[①]，并

① 联合国全球契约组织2004年发布《在乎者即赢家》（*Who Cares Wins*）报告，正式提出ESG的概念。

就如何将环境、社会和治理因素引入资产管理和证券交易行业以及有关研究机构提供了指导与建议。近年来，ESG 逐渐成为企业管理和金融投资中的重要理念，被视为“可持续发展”理念在企业界和投资界的具象投影。从本质内涵看，ESG 理念旨在处理好人与自然、人与社会的关系，着眼于高质量的可持续发展，将经济效益和社会与生态效益有机结合，也是中国传统文化中“寓义于利”“义利兼顾”的另一种呈现。

从“资本逻辑”到“人本逻辑”

“以人民为中心”的发展思想是新时代经济发展的根本立场，指明了新时代坚持和发展中国特色社会主义的价值取向，也成为未来金融改革与发展的根本指引。社会主义金融的本质要求是，坚持资本为劳动服务，金融为产业服务。要将服务民生作为衡量金融体系运行效率的重要标准，推动金融资源配置效率、运行效率、融资效率更好地服务民生，从而实现经济发展成果由人民公平地共享。新金融强调“以人为本”，通过金融力量促进社会整体繁荣，摒弃传统金融以资本为中心的价值理念，以政治性为引领、人民性为立场、专业性为保障，助力解决社会痛点。

正如亚当·斯密所说，“经济学不是关于利润最大化的工具，而是人类如何通过分工合作，打破文化、制度的差异，实现幸福与和平的学问”。金融作为实体经济的血脉，不能成为为少数人牟取暴利的工具。但是由于传统的金融体系与经济发展的互动弥合不足，经济不平衡加剧、贫富差距扩大。一些经济学家、金融家开始从金融运行逻辑上反思当代金融的弊端，并探讨相应的解决之道。

价值观方面的转换，必然要求商业银行构建新的经营模型，统筹社会责任和经济收益，强调解决社会问题。

传统金融体系长期以来深受三大观念的影响。一是过于追求绩效，尤其是当期和短期绩效。由于激励机制设计偏差，大多数金融机构存在过度激励问题，导致经营中出现短期行为和忽视普惠的现象。二是过于强调对资本负责，片面迎合股东对短期投资回报的要求，从而弱化了对社会大众、小微企业等“低收益”客户诉求的响应，弱化了长期社会效益。三是过于追求规模，在业务上向往热点、向往城市，追逐泡沫、追逐虚拟经济领域和资本市场中的高收益，赚快钱。新的金融理念就是要通过改善民生领域的金融服务，重构信用体系，降低准入门槛，来纾解这些人群和企业的焦虑。

在服务大众的逻辑下，传统金融的风险收益、资产定价和资源配置等理论依然成立，只是需要考虑更多的外部效益以及外部效益与机构盈利的关系。传统金融虽然也强调股东、客户、员工、社会利益的平衡，但导向和路径不明确，较高的利润回报遮盖了其他目标要求。

新的金融经营模型综合考虑外部效益和内部效益的组合。外部效益重点包括金融活动对经济、社会、组织以及自然环境等诸多方面的影响，特别是中长期影响，反馈到金融机构则影响的是未来利润，有时候短期内难以衡量。它的难点也在于此。

为此，金融改革创新的思路就是“跳出金融做金融”，主动解决社会“痛点”“难点”问题，使金融服务从“锦上添花”转向“雪中送炭”，重新构建金融与政府、企业和个人的良性关系。盈利模式从服务客户直接赚取收益的直接盈利模式，扩展为帮助实现客户成长、社会治理、生态和谐等金融的外部价值之后，再从中获取收益的综合盈利模式。

如上所述，新模型让金融机构的内部效益与外部效益高度并联，抑制过度短期化的现象，力图打破风险周期化困局，这与资本市场估值重视企业中长期价值的逻辑基本一致。从逻辑上看，金融服务要实现经济、社会、自然的可持续发展，就必须优化金融资源投放结构和评估模型，在更深层次，把握社会经济未来方向，发挥金融功能的主动性，更好地发挥资源配置作用。

如何根据机构的现实基础、能力边界去协调内部效益和外部效益，如何实现外部效益向内部效益合理转换是关键。建设银行在探索中形成了新金融业务逻辑（见图 1–5）。

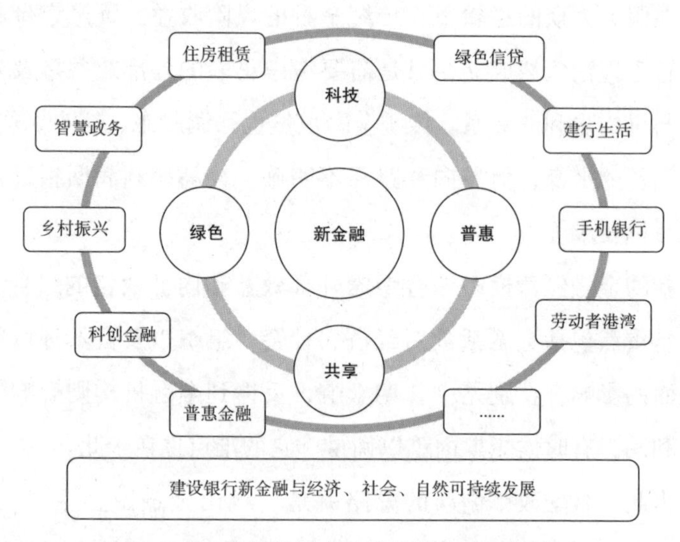

图 1–5　建设银行探索形成的新金融业务逻辑

以服务大众为目标已成为当代金融的重要特征。站在历史的高点、社会的立场、未来的视域观察当代金融走向，新的金融理念在理论上还有待完善，实践上还需要持续探索。但毋庸置疑，金融规模的庞大不应成为目标，金融的伟大才值得追求。

科技，普惠，共享，绿色

新金融不是一个新现象的简单归纳，而是金融逻辑和理论演绎的现实结论。以人为中心，为社会公平服务，必须解决社会普罗大众的“急难愁盼”，根本的出发点就是“痛点思维”。要把社会“痛点问题”作为导向，以科技发展作为解决问题的方法，找到金融发展的新机会。“痛点思维”优化了金融供给结构和覆盖范围，以金融为水，为社会构建起新的“金融水利工程”，并打造出“灌溉”社会经济发展的“都江堰”。

第一，科技是基础支撑，也是整个时代的特征，让金融服务更具有创新力和想象力。

科技可以将所有行业“重做”一遍，科技定义了新金融的发展路径。一方面，科技应用降低了信息不对称性，提升了金融机构触达客户的广度和深度，批量化、自动化使金融服务的边际成本大幅降低。数据要素的流动使得银行与客户的关系，可以从简单的资金关系演变为“资金+数据”价值共创的网络化关系。另一方面，科技能够帮助新金融突破原有的体制机制束缚。传统金融机构“部门银行”问题突出，金融创新活动难以走出部门、层级的束缚。科技应用推动传统金融机构的管理方式从管业务、管人上升到管平台、管数据，从而在线上构建起符合新金融效率要求的新体系。科技还可以塑造出新业态、新模式，不断打破既有市场格局。随着 5G、物联网、边缘计算等技术的积累进化，金融服务将能够嵌入每一个数字场景中，变得更加无形无感和无处不在。科技正在从底层基础设施跃升为顶层创新先导，驱动银行的流程再造、组织变革和战略转型，并催生出智能化、普惠化、无界化的新金融。

第二，普惠是人本内涵的体现，让普罗大众享有金融发展的红利。

金融不应该是“高大上”的贵族话题，它关系到百姓居家生计、柴米油盐。金融机构不仅要服务金字塔尖上的荣耀，更要去“滋润”金字塔底层的中小企业和个人，这也是一个国家长治久安的根本之道。

践行新时代以人民为中心的发展理念，普惠是新金融的内涵，所以新金融是“大众金融”，其彰显了金融的社会功能。金融在资源配置过程中实现了促进个体和社会发展、调节收入分配、提升社会整体福利和维护社会公平等方面的效果。普惠金融服务要求突破传统金融的服务边界，让那些长期被忽视的农村地区、城乡贫困群体、小微企业能够获得更公平、可得的金融服务，从而使金融真正成为实现人民对美好生活向往的基础设施和基本动能，让新金融“甜水”如涓涓细流，滋润普罗大众。

从理论上讲，普惠型金融服务属于开辟新市场的创新，即开辟式创新。克莱顿·克里斯坦森（Clayton Christensen）等人在《繁荣的悖论》（*The Prosperity Paradox*）一书中指出，在这个市场上，人们的需求无法得到满足，存在强烈的忧患，可能是现有产品和服务无法满足他们的需求，也可能是他们负担不起或由于渠道、时间等因素无法获得现有的产品和服务。开辟式创新就是解决人们的忧患，实现产品与服务的大众化。金融服务大众化是传统银行以增量带动存量改革的有效方式，解决金融为少数人服务的问题。按照罗纳德·科斯（Ronald Coase）的交易成本理论，企业经营的边界与交易成本密切相关。金融机构应用大数据技术，挖掘大众金融服务对象的零售化特征，有效降低了普惠金融服务的成本，提升了普惠金融风险防范能力，从而实现商业可持续，普惠金融业务也由此从落实政策要求转变为市场的自发行动。

第三，共享改变了金融与利益相关者的关系，也是实现金融生态化发展的根本要求。

新金融的共享特征并不是简单的结果共享，更是一种新的资源组合、价值发现方式。共享强调使用而不是占有，共享的目的是提高资源使用效率。一方面是降低各个主体获取资源的成本；另一方面让要素参与范围得到扩张，避免无谓的重复性投入。共享包括资源共享、技术输出、渠道分享、知识共享等诸多方面，让社会各个主体成为金融机构利益共同体，形成新的经营生态。技术共享可以获得更丰富的应用场景，实现技术应用的价值最大化。在共享中，银行还可以借助外部参与者的力量共同实现技术迭代。金融业利用海量数据和丰富数据产品，不断促进业务应用场景嵌入，共享让金融与企业的关系从单纯的资金联系演变为“数据+资金”的双重联系。在数字经济时代，共享意义更加重大。

第四，绿色是新金融的时代任务，是全人类共享自然资源的要求，也是各项金融活动都需要遵循的基本准则。

绿色是可持续发展目标的重要议题，关系到社会代与代之间的协同发展。绿色转型是一个过程，更多地要依赖经济结构调整。绿色金融让金融机构的责任边界覆盖到自然环境领域，借助金融的杠杆作用，去推动产业层面构建低碳化、生态化的产业结构，提高经济要素供给质量和产品服务的产出质量。绿色金融将环境影响的外部性内部化，相当于借助金融工具将公共责任落实到具体的社会主体上。从某种意义上说，绿色金融是环境资源消耗的调控工具，体现了金融促进社会公平的现实效用。

与传统金融相比，新金融有以下三个重大改变。

一是服务内涵充分扩展。新金融深入人民的衣食住行，以满足人民的美好生活需求为基本目标，基于融合金融洞察能力、科技创新能力和数字治理能力，推动实现高效透明的政府运行、精准智能的城市管理和泛在便利的民生服务，助力国家治理体系和治理能力现代化。

二是服务能级显著提升。银行不再仅仅是融资等传统金融服务的提供者，而是融智赋能的资源整合者。通过为企业提供专业解决方案、科技基础设施和集成金融服务，帮助企业提升资源配置效率、降低交易成本、有效管理风险，成为与企业共生共荣的全生命周期伙伴，以新金融助力数字产业化和产业数字化协同发展。

三是服务方式更加灵活多元。金融如水，可以引进渗透到基层大地，新金融走出银行网点柜台，作为底层服务和触角，广泛融入住房、交通、教育、医疗、养老等各种生活场景，有效感知需求，为普罗大众提供触手可及、精准直达的温暖服务。银行变“从动式”服务为“能动式”融合，化解社会痛点、赋能社会进步。这是新金融的本质要求，也是银行在新时代实现可持续发展的必由路径。

第二章

第二曲线

无论把多少辆马车相加，也绝不能造出一辆火车。

——约瑟夫·熊彼特，《经济发展理论》

当你知道你该走向何处时，你往往已经没有机会可走了。

——查尔斯·汉迪，《第二曲线》

走出舒适区

“第二曲线”原理

企业生命周期理论创立者伊查克·爱迪思（Ichak Adizes）在其专著《企业生命周期》（*Managing Corporate Lifecycles*）中指出，企业就像一个生物个体，其发展会经历“成长”与“老化”两个大的阶段。成长阶段是企业整体向上发展的阶段，又可细分为孕育期、婴儿期、学步期、青春期、壮年期等一系列小的阶段，其间需要不断应对各种不确定的挑战。

企业从成长阶段过渡到老化阶段，会经历一个“死亡交叉”——稳定期。从壮年期到稳定期这段时间，企业会呈现文化制度相对固化、增长速度相对放缓，以及规模、业绩、市场份额等指标保持行业高位且趋于稳定等特征，形成某种意义上的“舒适区”。但是，舒适的“稳定期”恰恰已经处于失速下滑的边缘，企业往往就是在这种看似“最不可能失败”的时候不经意间滑入“老化”阶段，直至终结（见图2-1）。

查尔斯·汉迪（Charles Handy）在《第二曲线：跨越“S型曲线”的二次增长》（*The Second Curve*）一书中，提出了避免走向“失速点”或“稳定期”的药方：要避免消亡，就不能够停留

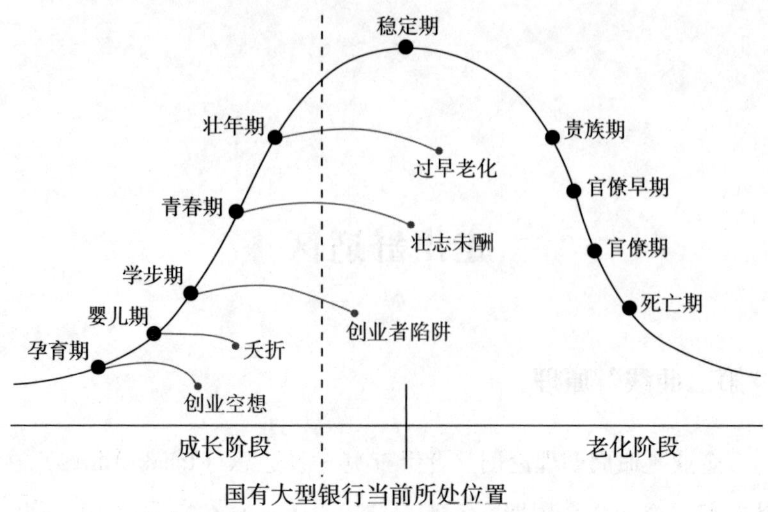

图 2-1 企业生命周期阶段示意图

在“第一曲线”的世界中，而是要开辟一条与当前完全不同的新道路——“第二曲线”的新范式（见图 2-2）。他认为，第二曲线必须在第一曲线到达巅峰之前就开始增长，只有这样才能有足够的资源（金钱、时间和精力）支撑在第二曲线初期的大量投入。如果在第一曲线到达巅峰并已经掉头向下后才开始第二曲线，那无论是在理论上还是在现实中，都行不通了，因为第二曲线在开始时难以增长得足够快，去抵消第一曲线的加速下坠，除非让它大幅扭转。

开辟“第二曲线”新范式，首先要正确理解查尔斯·汉迪提出的“第二曲线”原理，避免两种误解。

一种误解是，只要是创新，就是开辟“第二曲线”。企业沿着“第一曲线”本身进行的创新，主要面向现有市场和客户，维持原有商业模式和产品服务不变，以获得短期高收益或提升效率。

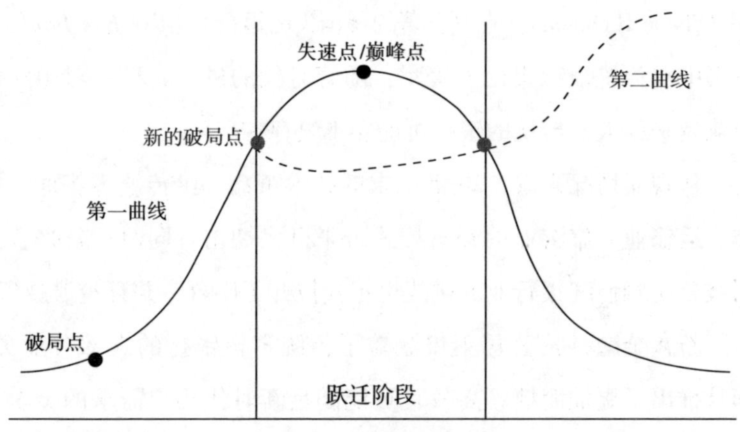

图 2-2　第二曲线原理

注：根据查尔斯·汉迪的第二曲线原理绘制。

然而，正如约瑟夫·熊彼特在《经济发展理论》（*Theory of Economic Development*）一书中所言："无论把多少辆马车相加，也绝不能造出一辆火车。"沿着"第一曲线"连续增长，必定会遭遇极限点（稳定期或失速点），从而触发衰落。开辟"第二曲线"需要的是"开辟式创新"，强调从无到有，在新市场建立新的商业模式，满足消费者的需求。

另一种误解是，要逼近"第一曲线"的峰值后才开始变革。"峰值"的判断就像股票的价格何时才能到达高位一般难以捉摸，即便预见"失速点"，此时也难以获取充分资源与能力来满足变革所需付出的成本。因此，在尚未抵达"第一曲线"极限点时，就应审时度势地开辟"第二曲线"，才能真正开启创新"破局点"。

商业银行，生存，还是毁灭

2015 年，杰姆斯·汉考克（James Haycock）和肖恩·里奇蒙德（Shane Richmond）在其合著的《消失的银行》（*Bye Bye Banks*?）一书中对传统银行提出了警示：随着时代的进步，科技对生活的影响越来越大，传统的银行可能会不复存在。

从现实情况来看，20世纪末的技术革命，给传统零售业、媒体、运输业、旅游业的经营模式带来巨大冲击。同时，新兴金融科技公司对传统银行业的挑战也正式拉开了序幕，并且越演越烈。

新兴金融科技公司不仅涵盖了传统零售银行的大部分业务，而且推出了更加简捷、高效且更能满足新时代用户需求的金融业务，以更高维的营销方式对传统银行业务展开掠夺和挤压。竞争失利的银行被迫缩减市场规模，传统银行“要么适应变化，要么准备消亡”。

我国银行业受益于我国经济的高速发展，总资产、总资本规模都已位居世界银行业前列，但增长放缓趋势也初现端倪。图2-3显示，作为商业银行传统利润重要来源的综合性指标——净息差（NIM）正逐年收窄。

传统大型商业银行净利息收入占营业收入的比重在70%以上，依赖净利息收入的银行盈利模式承受压力。资本回报率也呈现明显下降趋势，4家大型商业银行的净资产收益率（ROE）在10年内平均下降约10个百分点。

与此同时，伴随着投资拉动的动能衰减和消费时代的到来，银行依赖的传统大型基础设施建设项目明显减少，持续产生的增量有限，叠加不确定性因素影响，房地产业一度进入“冰冻期”。商业银行长期倚重的“第一曲线”存在从“稳定”阶段逐步滑入“老化”阶段的危险。

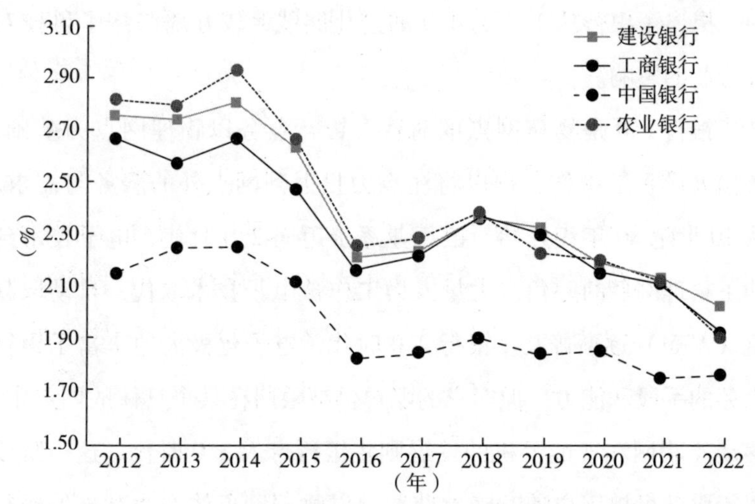

图 2-3　2012—2022 年我国 4 家大型商业银行的 NIM 趋势

资料来源：根据各银行年报整理。

根据企业生命周期理论，向“稳定期”靠拢过程中存在强大的惯性力量，牵引企业在原有路径上行进，即所谓“路径依赖”。商业银行传统增长动能已趋弱，原有市场、客户竞争激烈，低效资源投入导致运营成本上升，可持续经营面临严峻挑战。

商业银行需要以创新变革精神和实践行动，走出一条差异化发展的新道路。

科技带来新机遇

从银行 1.0 到银行 4.0

布莱特·金（Brett King）在《银行 4.0》（*Bank* 4.0）一书

中，提出了银行从 1.0 到 4.0 的进化路线，较好地归纳了科技对银行业的影响。

银行 1.0 是物理网点的时代，银行业务以物理网点为基础，依赖大量手工操作，难以将注意力投射到网点外的服务与需求。从 20 世纪 80 年代开始，银行业逐步迈向 2.0 时代，电子技术延伸了物理网点的触角，大量人力工作被电子技术取代，自动取款机（ATM）逐渐普及。银行 2.0 时代，电子化极大地丰富了银行服务的手段和能力，但客户的账户仍被限制在某个具体的网点中。移动互联网和智能手机的发展则将银行带入 3.0 时代，这一阶段银行服务可被用户随时随地获取，以物理网点体系为基础的银行服务模式被打破，用户成为银行服务的主导者。

银行 4.0 时代的开端大约在 2017 年，人工智能、大数据、云计算、物联网等新兴技术的发展和普及，让银行业务以全新模式向其他渠道延伸，整个社会处于泛在连接状态，即时实时、无感无界的金融服务将成为主流。

银行 4.0 时代是现代科技与银行相互融合的时代，科技成为数字化经营的核心驱动要素。科技创新在供给侧提高了金融效率，在需求侧提升了用户体验，成为数字化转型中新旧动能转换的催化剂和助燃剂。

金融产品多样化

数据和技术在商业银行经营中的重要性与日俱增，商业银行经营对象正逐步从资金转变为“资金+数据+技术”。对于商业银行而言，数据和技术应用已不再局限于效率的提高和内部管理需要，不再仅着眼于产品或业务条线。它已经成为金融服务的本身，贯通了从前端产品营销、用户服务，到后台风险控制、合规管理等全流程。对于数据要素的掌握和数据的应用技术，成为商业银行竞争力的重要组成部分。

大数据技术与数据要素相结合，形成客户多维度画像和精准洞察，极大地增强了对长尾客户的服务能力，改变了商业银行客户结构。近年来新成立的互联网银行，服务对象均聚焦小微企业、个体工商户、个人等零售类客户，无论在资产端还是负债端，其客户门槛都较传统商业银行大为降低，其短时间内形成的长尾客户服务能力远超同期的商业银行。

技术赋能产品创新，以模块化方式提升创新产品的快捷供给能力，让金融服务趋向于主动化、个性化。传统商业银行提供的金融服务主要为标准化产品，仅对少数高净值客户提供定制化的服务。金融科技将模块化思路运用于产品创新，极大地增强了商业银行产品的灵活性，金融产品要素可被拆分成标准化、精细化的“元部件”，如额度、期限、费率、信用方式等，元部件可快速组装成定制化的金融产品，从而让客户服务实现“千人千策”“一企一案”。

移动互联网技术应用改变了银行的服务渠道格局，线上成为主要的渠道，线下渠道向特色化发展。线下物理渠道一直是商业银行竞争力的重要体现。但是，移动互联网和智能手机的快速普及极大地改变了人们使用金融服务网点的偏好。据《证券日报》公布的数据，截至 2023 年 1 月 19 日，2022 年以来我国合计已有 2 532 个银行网点终止营业。银行营业网点开始朝着场景化、数字化方向升级，常规业务办理逐渐减少，更聚焦于复杂业务和需要见面见证的业务，同时通过引入大量智能化辅助设备，逐步形成线上线下的融合发展。

银行管理平台化

商业银行过去分散开发的业务系统，往往技术架构不互通、数据标准不统一，业务条线根据自身需求获取数据、加工数据，形成了“数据烟囱”“数据孤岛”。当数字技术应用从银行的前台向中台延伸后，带动了银行中台业务的全面线上化、智能化，提升了商业银行的经营效率。目前，商业银行的中台大致可分为数据中台、业务中台和技术中台三个层面，分别侧重数据模型、业务流程和技术工具。三者互为补充，共同对前台应用提供支撑。中台的建设打通条线壁垒，解构业务逻辑，让内部数据资产互联互通，真正释放商业银行的数据生产要素价值。

风险管理和内部控制是银行生存的基础，大数据、人工智能等技术带来了风控方式的变革，从部分业务、个别产品，逐步扩展到全产品、全类别、全流程。内部积累及外部连接的数据，以及基于这些数据和算法构成的智能风控体系，成为未来商业银行的核心风险管理能力。通过机器学习，商业银行可构建个人及企业信用评估模型，通过数据挖掘技术构建企业信贷申请反欺诈模型、风险传导模型。在风险预警和监测方面，可将风险底线和风控标准嵌入线上系统，建立大数据选客控险、模型化系统排险、智能化预警避险等风控机制，实施有效的跟踪监测，及时发现风险，化解风险。

科技应用推动银行组织和人力资源变革，不断更新适合科技体制发挥作用的组织形式。科技应用让商业银行变成“数字银行”，成为可以不设立物理网点的银行，采用线上运营模式，通过移动端远程开展业务，人均服务客户的能力大大提升。金融服务的线上化使得客户在不同商业银行之间、商业银行与新兴互联网金融企业之间的转换成本大幅降低，也放大了金融机构之间的竞争强度。

金融服务的竞争不再是以产品为维度的单打独斗，而是呈现出基于平台生态之间的竞争态势。

新金融行动的实施方案

“三大战略”的提出

如前所述，建设银行新金融探索的思路就是“跳出金融做金融”，主动解决社会“痛点”“难点”问题，使金融服务从“锦上添花”转向“雪中送炭”，重新构建金融与政府、企业和个人的良性关系。盈利模式从服务客户直接赚取收益的直接盈利模式，转变为帮助实现客户成长、社会治理、生态和谐等金融的外部价值之后，再从中获取收益的间接盈利模式。

这些思路为大型商业银行开辟“第二曲线”找到了方向。这就是用新金融的痛点思维，找准市场需求多、增长潜力大的发展新空间，进行“开辟式创新”，建立新的商业模式，满足消费者的需求。同时，下决心在原有的业务优势达到极限前，审时度势，走出舒适区，开启新的“破局点”。

可以说，新金融理念为“第二曲线”确定了方向，而“三大战略”作为新金融行动的三个实施方案，描绘出建设银行“第二曲线”的基本轮廓。

普惠金融战略

用普惠金融可复制可持续的模式，建立长效经营机制，在承担社会责任的同时，培育客户基础。

普惠金融战略是新时代新金融面向蓝海、面向大众、面向草根进行的战略重心调整，进一步聚焦“双小”（小行业、小企业），用“双小”连接和承接“双大”（大行业、大企业），用“双大”带动“双小”。多年来，建设银行的“双大”战略，支撑着第一曲线，取得了骄人的业绩。在竞争激烈、社会需求不断发生变化的今天，改变传统做大企业、大项目的思维定式和固定运营模式，引导全行将战略重点转向大众市场，深度拓展小微、双创、涉农、扶贫等民生领域势在必行。通过实施普惠金融战略，切实承担起支持小微企业、支持社会经济发展的责任，改变市场格局方向，拓展更宽广的行业范围和数据流量，为经济由高速增长转向高质量发展赋能，为商业银行的新发展模式赢得了机会。同时，培养一批有情怀、有担当、有智慧、有能力解决社会问题的金融人才，用专业能力提出解决方案，重塑银行人的社会责任感，赢得社会尊重。

住房租赁战略

以金融支持租购并举，为健全房地产市场长效机制蹚路，为防范金融风险找到解决方案。

过去几十年间，建设银行形成了在住房信贷领域里不可比拟的优势。但是房地产深度金融化，风险日益加大，成为影响社会和谐发展的痛点问题。如何把以往突出的盈利模式转变成为有效解决社会问题的金融改革方案？这也是新金融理念的应有之义。为了响应人民大众“让住房回归本源，发展租房市场”的迫切呼声，建设银行在自己的传统优势领域里进行“开辟式创新”，提出住房租赁战略，着手解决租房市场总量偏低、有效供给不足、租赁住房品质不高、租赁关系不稳定等一系列痛点问题。住房租赁战略坚持落实“租购并举、房住不炒”，盘活社会资源，助力解决大中城市租购平衡问题；以全新的“平台+金融产品和服务”模式，纾解住房焦虑，满足城市新市民的居住需求，助力百姓安居；以“住房租赁综合服务方案”，推动住房租赁市场健康发展；以金融力量激活住房要素市场，防范房地产市场的“灰犀牛”风险。

金融科技战略

面向数字化时代，改变全行的经营范式和业务逻辑，为“第二曲线”搭力续势提供动力引擎。

金融科技战略（TOP+，T是核心技术，O是能力开放，P是平台生态，+是体制机制）将金融科技核心技术聚焦至“ABCD-

MIX”（A 为人工智能，B 为区块链，C 为云计算，D 为大数据，M 为移动互联，I 为物联网，X 为其他前沿技术），应用于产品管理、营销支持、产品运营、业务支持、风险管控、决策与报告六大业务价值链。该战略以技术和数据双轮驱动，向基层提供强大的科技支持能力和客户服务能力，向全面数字化经营大步迈进；以科技输出对外赋能，提升整个金融行业的科技水平和风控能力，有效整合资源，助力政府管理和社会治理能力提升，实现了从单一的业务保障向搭建平台、培育生态、赋能社会的历史性跨越。

建设银行以“普惠金融战略”解决小微企业融资难、融资贵的痛点，以“住房租赁战略”解决群众租房难、租房差的痛点，以“金融科技战略”解决普惠金融和住房租赁交易成本高、服务对象多的痛点。三者相互支撑，协同发力，推动新金融实践拓维升级。

三大战略的实施途径

B 端赋能

提升服务企业能力，营造与企业共生共荣新生态。

B 端业务是商业银行传统利润来源的重点领域，已逐步呈现过度竞争状态。商业银行亟须跳出固有格局，转向建立伙伴式的新型银企关系。1997 年诺贝尔经济学奖得主罗伯特·C. 默顿（Robert C. Merton）指出，现代金融有六大功能。[①] 商业银行传统

---

① 兹维·博迪，罗伯特·C. 默顿，戴维·L. 克利顿. 金融学［M］. 曹辉，曹音，译. 北京：中国人民大学出版社，2009.

业务主要集中于支付清算、融通资金、金融资源配置这三大功能，而防范和化解风险、改善资源配置效率、降低交易成本这后三项功能，并没有完全提供给客户。为B端客户搭建开放平台，互为助力，营建共生共荣生态，可以有效提升银行对企业的服务能力。

建设银行通过开放公有云、共享风险管理技术等，帮助企业优化再造经营管理模式，实现降本增效，提高生产和运营效率。通过开放智能撮合综合服务平台等，帮助上下游企业找投资、找技术、找服务、找项目，真正从“资端”转向“智端”，成为企业全生命周期的咨询顾问。依托开放平台，全网式联结供应商、生产商、经销商和消费者，以数字化“三流合一”和集成化金融服务，推动传统产业链升级再造和客群协同发展。

C端触达

为大众服务，做百姓身边有温度的银行。

互联网金融的快速发展，一度使得商业银行在C端金融场景中被边缘化，成了“第三方资金后台”。在消费已逐步成为我国经济增长主要引擎的新趋势下，C端形态也正在发生深刻变化。客户需求从过去主要满足基本生活需求，转向对新的生活方式和美好生活的追求。如果还固守传统的基于收入、职业等维度的刻板客户画像和粗放服务模式，必将离客户越来越远。

建设银行通过C端触达实现价值转向，打造全行生态场景经营平台、开放性数字支付平台、互联网化产品创新能力和数字化营销体系，使得银行服务直达客户，依托大数据洞察C端消费特征和真实需求，使得金融成为底层服务和敏锐触角，植根普罗大众，做百姓身边有温度的银行。

G 端连接

关联公共产品，助力提升社会治理能力。

现代金融与 G 端的关联度越来越大。一方面，依托政府部门提供的公共产品、公共服务，银行得以更好地服务客户、拓展业务、防控风险。另一方面，在现代化经济体系中，银行提供的基础金融产品和服务，就内在特征而言，就像公用道路一样具有准公共产品的属性；就外在功能而言，与涉及国家和社会治理的诸多公共产品、公共服务具有密切的关联。

建设银行依托技术先发优势和金融平台优势，与政府部门开展深度合作，涉及行业管理、保障性住房、城市和社区治理、农村治理等方方面面。银行通过加强与 G 端的系统和平台互联、服务和功能连接，把履行社会责任与优质服务结合起来，特别关注社会痛点问题，帮助政府部门提供成本更低、效果更优的公共产品和公共服务方案，实现互促共进，既拓展金融服务的广度和深度，又促进社会治理体系和治理能力现代化。

金融科技是脚手架

为适应 4.0 时代银行数字化转型的需求，2010 年 12 月至 2017 年 6 月，建设银行集结了 8 000 多人，七年磨一剑，打造了在业界有影响力的新一代核心系统，站在企业级视角，推动业务与技术进行全面转型。2018 年以来，建设银行全面推进金融科技战略，创新搭建了“金融科技部（总部机构）、运营数据中心（直属机构）、金融科技公司（子公司）”的组织体系，形成了顶层设计、数据治理和市场化运营融合，总、分、子协同的金融科技组织架构，对内支持业务转型发展，对外助力社会治理，实现了从单一的自身业务保障向搭建平台、培育生态、赋能社会的历史性跨越，逐步构建起“第二曲线”的脚手架。

传统服务的能级跃迁

面对多样化的客户需求和愈加同质化的商业竞争，建设银行以“数字化”为总体方向，持续夯实技术与数据双轮驱动的金融科技基础能力，对内构建协同进化型智慧金融，对外拓展开放共享型智慧生态，努力打造具有“管理智能化、产品定制化、经营协同化、渠道无界化”特征的现代商业银行。

金融科技为业务拓展提供了全景视图、充足“弹药”和精准“弹道”，推动金融服务的视野更加开阔、方式更加多元，让金融产品能级提升，无远弗届。“科技兴行”的理念得到越来越广泛的认同，金融科技成为营销客户的“敲门砖”，建设银行与客户从传统业务合作，拓展到以科技为纽带的全面深度合作。可以说，金融科技战略成为“第二曲线”和新金融行动的重要支撑，深刻影响了建设银行的经营范式和业务逻辑。

敏锐洞察客户。银行拥有海量用户，天然亲近数据。建设银行融合外部场景数据和内部用户数据，通过智能模型分析，形成立体、多维的关系画像，可以实现对存量和潜在服务需求的精准识别。

高效供给产品。 将金融产品按照额度、期限、费率、信用等方式分类抽象成精细化、标准化、批量化的元部件，根据业务需要即可快速组装成定制化的金融产品。目前建设银行已形成 15 大类产品线、58 条装配线、1.35 万个可售产品，超过 95%的产品在一两天内就能组装完成。

精准营销服务。 基于大数据和人工智能，在产品和客户之间建立起差异化的高效数字连接，银行人走出金融街、陆家嘴，俯下身子，触达大众的差异化需求，提供“千人千面”的个性化服务体验。

敏捷研发迭代。 创新信息技术业务合作伙伴（Information Technology Business Partner，简写为 ITBP）快速响应机制，完善从立项、实施到投产全周期研发体系。2022 年，建设银行受理 1.87 万个业务要求，投产版本达 2.4 万个。

智能风险管控。 数据、流程和业务融合程度加深，贯通事前预警、事中监测、事后控制各环节，形成了覆盖全集团、全产品、全类别的 3R 智能风控体系，即全面风险监控预警平台（RAD）、风险决策支持系统（RMD）、风险排查系统（RSD）。目前建设银行已累计为 1 000 余家同业机构提供风险计量工具，其中，“慧系列”智能化风险管理产品覆盖 960 家中小金融机构。

同时，建设银行还利用通过传感器实现的实时感知技术和通过模型与大数据实现的智慧分析技术，完善了信用发现机制，催生出新的金融业态。例如，内蒙古分行通过在奶牛体内植入芯片进行数据实时收集和智能分析，并搭建涵盖土地承包户、种植户、养殖户、牛奶生产企业，以及物流、销售各环节的全产业链智能平台，让生物奶牛变为“数字奶牛”。湖南分行等通过对活体生猪钉挂耳标，建立“身份”编码，创新信用担保方式，也有异曲同工之效。

金融科技公司的市场运作

“贝塔银行”的启示

《消失的银行》以整本书的篇幅，描绘了创新型金融科技公司对传统银行的巨大冲击，并将“贝塔银行”视作银行业面对挑战自我革新的解决方案。所谓“贝塔银行”，是指通过投资等方式重组形成一个能够适应时代发展的独立运作实体，这个实体应具有自主独立决策、数字化、聚焦明确的客群、勇于尝试新产品和新服务等特征。“贝塔银行”是在商业银行之外成立新的试验单元，通过吸纳先进的管理方式、组织架构、体制机制和思维模式等，通过“增量改革”推动“存量改革”，充分发挥创新的“鲇鱼效应”，逐渐影响并推动商业银行本体的改革。

“贝塔银行”的关键逻辑在于，不依赖大型银行自身，构筑市场化的选人用人、激励约束、鼓励创新、自主灵活的体制机制和企业文化。如果没有充分自主，“贝塔银行”本身的发展会受到原有企业的阻碍和干扰。

借鉴“贝塔银行”理念，建设银行推进金融科技体制机制改革，下决心将总行科技队伍采取整体公司化运营。2018 年 4 月，成立建信金融科技有限责任公司（以下简称建信金科公司），把总行各开发中心员工通过合同转换和机构平移，变为建信金科公司的员工，实施市场化人员机制。建信金科公司的成立，是建设银行推进金融科技战略的关键步骤和重要组成部分。子公司成立后，一系列针对金融科技领域的变革随之而来。

经营机制的变革：从银行的内设部门到公司化运营

长久以来，银行的科技部门都被视作“后台支持”部门，以完成业务部门提出的开发需求为首要目标，长期处于创新链条末端，缺乏对业务的深度介入，更谈不上“科技引领”。由于不直接面对市场和客户，缺乏“从客户痛点”出发的敏感性，更缺乏“创造客户需求”的前瞻性，难以真正做到“金融技术引领业务创新”。同时，科技部门在商业银行内部又往往以成本中心的方式运作，导致商业银行对科技部门的投入产出缺乏全面客观的评价，创新动力不足。后台部门、成本中心的定位长期束缚着银行的科技竞争力。对于公司成立后带来的变化，建信金科公司董事长朱玉红深有感触：

> 建设银行科技体制改革的关键，就是成立建信金科公司，直面市场的竞争。为什么不采用成立一个金融科技事业部的方式？因为事业部只能解决内部的体制机制问题，解决不了科技的自我革命问题。事业部仍然不是独立的市场主体，与业务部门在同一个保险箱中，没有直面市场来刺激它真正地发挥创造力。
>
> 建信金科公司脱胎于建设银行内部的科技开发体系。原来的工作性质是“来料加工”，不用考虑使用体验、用户转

化这些问题。刚成立时大家对于竞争的市场环境是陌生的，我们做了很多针对性的事情来让公司快速建立适应市场的竞争能力。

首先是解决人才的问题。一方面，积极落地专业化人才发展体系，充分释放母行转过来员工的创造力。另一方面，积极从市场上引入人才，这几年我们从外界获得的中高端人才已经占总人数的20%之多，使我们的研发能力更强了。

其次是加大产学研合作，把应用技术变为掌握核心技术，形成自主可控的技术和知识产权，建成金融行业的基础设施。

此外，市场化让我们能“跳出金融看金融”。几年来，我们与头部的互联网公司、科技公司同台竞技，让我们学会了更多的技能。科技研发队伍不再是被动等需求，而是参与规划、方案设计，主动对标市场打造产品，直接对接客户提升体验。这些在市场上学习到的先进经验和做法，也反过来运用到为母行提供的服务中。

经营理念的变革：敢于面向市场竞争

以往科技部门面向银行内部服务，效率不高的重要原因是缺乏竞争压力和激励机制。成立建信金科公司，不是简单地将科技团队剥离为子公司，依赖母公司生存，而是充分借助市场力量锻炼其独立的市场生存能力。科技水平高低最终需要以用户评价为标准。

面向市场，锤炼建信金科公司市场竞争力。 市场是最好的老师，数字时代的技术创新从来都不是孤立的，平台化、生态化的商业模式也要求科技保持开放形态。一方面是相互竞争，让建设银行的金融科技与市场先进水平同台竞技，技术不先进、用户体验不好，金融科技公司就无法生存。另一方面是相互促进，银行系子公司与商业银行有深层次的连接，在特定金融领域有着无可替代的技术优势。市场的交汇让不同主体各自发挥科技能力专长，共同夯实自身技术路线在生态圈中的地位。充分借助市场的力量来赋予科技创新持续的生命力，防止建信金科公司成为母行的“巨婴”。

协同融入，提升建信金科公司服务母行的能力。 对于建设银行集团的金融科技需求，由建信金科公司承担科技研发的主要工作，总行以年度框架协议的形式签订企业级项目研发合同，推动集团业务需求部门深入参与研发需求细化过程及实施过程，提高协同效率。在全行范围内建立 ITBP 需求快速响应服务机制，促进科技与业务深度融合。

在风险管理领域，建设银行推进风险领域深化科技应用和数字化转型，建立了涵盖全集团、全产品、全类别的智能风控体系，贯通事前预警、事中监测、事后控制各环节，形成“统一风险视图”。建设风险管理“3R”智能风控体系，解决了自动预警、客户底线排查、风控模型自主创新等风控难题。智能风控体系相比传统风控方法，在效果上有质的提升，在普惠金融领域进行全面应用后，建设银行小微企业贷款不良率呈下降趋势，2017 年以来普惠金融贷款不良率从 4.62%下降至 0.95%（见图 2-4）。

赋能输出，促进科技资源的集约化利用。 银行业对科技投入很大，而银行之间业务产品相似、系统需求趋同。建设银行的企

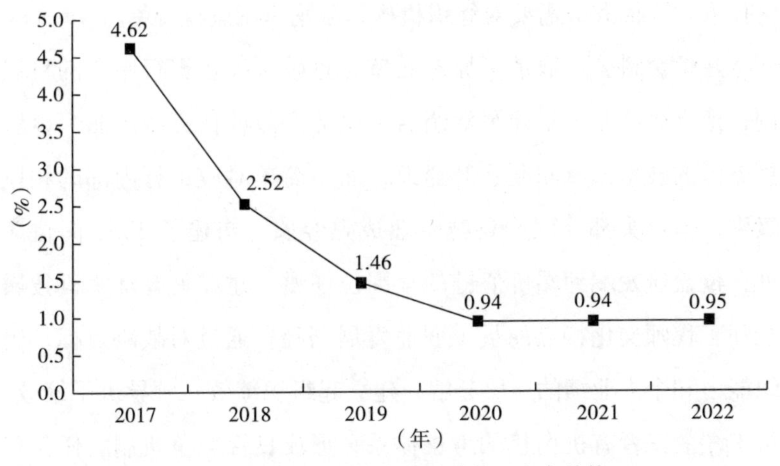

图 2-4 建设银行普惠金融贷款不良率趋势

业级系统建成后，几乎可以覆盖中小银行业务全场景，如果面向中小银行输出，可以帮助其快速提升数字化能力，减少科技资源重复投入。当然，建信金科公司选择赋能客户不完全是出于自身利益的考量，更多是站在集团整体战略需要的视角上，服务与建设银行有密切联系、与银行主业相关的客户。同时，在金融科技赋能输出过程中，建信金科公司也能更全面地加深对银行业务、企业需求、政府管理的理解，进而提升金融科技能力。

组织变革：从科层体系到任务型团队

对比商业银行和互联网公司的人才队伍与企业文化，可谓“气质迥异”。商业银行内部管理层级通常呈“宝塔式”结构，相较于互联网公司相对扁平化的组织架构，商业银行的科层式结构给予技术人才职业生涯晋升空间较小。受快速变迁的科技特征、企业文化、薪酬激励等因素影响，商业银行难以吸引和留住高端科技人才。因此，需要对组织机构和激励机制进行变革。

建信金科公司取消了原有处室，打破了商业银行原有的科层制，建立团队制，组建灵活组合、敏捷高效的任务型团队，设置更灵活的技术人员职业晋升通道，而不简单对应银行内部的相应级别。借鉴头部互联网科技企业成熟经验，构建了32个岗位序列，覆盖研发端到端价值链的全岗位图谱，建成具有鲜明科技属性和工程师文化特点的员工职业发展路径。通过对战略目标、组织能力和个人业绩的层层分解，建立起组织绩效、领导班子绩效、员工绩效三者有机衔接的考核体系，形成良性竞争机制。任务型团队进行灰度研发，开展内部竞争，根据创新成果市场表现对突出的团队或个人给予多种形式激励，形成“职业生涯靠积分、带兵打仗靠军功、薪酬激励靠贡献”的市场化选人用人和薪酬激励机制。

通过搭建一体化的金融科技研发体系，建设银行形成了从需求到立项、实施、投产全生命周期的企业级研发融合生态和支持管控的长效机制，将全集团织成一张立体科技网，并且持续加大金融科技投入。近三年，建设银行金融科技投入年均增长18.9%，2022年年末金融科技类人员数量较2017年年底增长93.2%。

一系列改革释放了建信金科公司的创新活力，战斗能力、敏捷性和市场认可度明显提升。公司在2021年、2022年连续两年实施“晋升季”，累计超过5 000名员工获得职级晋升，极大地激发了专业人才队伍奋进成长的内生动力。对于在战略性、全局性和前瞻性的公司级项目中攻克技术难关，取得重大突破的员工，公司授予其战略军功章，近年获得过战功的骨干员工，90%已被培养成为团队长或领域牵头人。对高端人才的吸引力明显提升，从跨国科技公司、国内顶尖科技公司、互联网头部企业引进高端人才约1 300人，覆盖资深开发工程师、解决方案专家等。2022年6月，公司定向招募高端人才，整建制引入项目团队23人，均为金融解决方案专家，负责核心银行设计及项目交付实施工作。同时，开放整合社会技术力量，建立量子金融应用实验室、高性能大数据处理技术实验室、声纹+联创实验室、上海AI创新中心、安全攻防实验室、极速工场（创新实验室），筹建元宇宙实验室。2021年，建信金科公司发布了量子金融应用算法，重点聚焦金融市场与风险管理，实现了国内金融领域对量子计算指数级加速能力的首次尝试。“金融应用后量子密码安全增强技术研究及验证”等方面的成果已在密码服务、Web前端安全等场景落地应用。

朱玉红董事长说：“我们希望通过建信金科公司给市场传达一种信息，就是建设银行的科技能力已经成为核心竞争能力的重要部分。建信金科公司的成长为建设银行注入了全新的科技资产，市场对建设银行不应该再采用依赖净资产等传统指标的估值方法，而是要用更具成长性的眼光、以更靠近科技型企业的逻辑来看待建设银行的市值。”

第三章

真实的“普惠”

在大学里的课程中，我对于成百上千万美元的数额进行理论分析，但是在这儿，就在我的面前，生与死是以“分”的单位展示出来的。什么地方出错了？我的大学课程怎么没有反映苏菲亚的生活现实呢？我很生气，生自己的气，生经济学的气，还有那些数以千计才华横溢的教授，他们都没有尝试去提出和解决这个问题，我也生他们的气。

——穆罕默德·尤努斯，《穷人的银行家》

普惠的共同目标

普惠金融的提出与发展，是国际社会对金融排斥（Financial Exclusion）现象认识、升华与反思的重要政策成果。自2005年联合国提出普惠金融以来，世界各国基于自身金融体系现状与经济社会发展目标，从政策设计、业务模式与市场体系构建等方面进行了实质性推动与探索。普惠金融成为政策制定者、金融机构以及社会众多利益相关者关注的焦点。

在孟加拉国首都达卡以东50千米的小村庄卡希姆普尔，一间围绕几棵棕榈树搭成的草棚子里，几位妇女正聚在一起热闹地开着每周一次的小组会议。

拉希玛谈起自己的生活情况。“6年半前，丈夫得病死了，我和儿子的生活没了依靠，开始行乞，靠别人施舍养活自己和儿子，”30多岁的她，脸上布满被生活磨刻的艰辛，“后来，我向格莱珉银行（Grameen Bank）申请了500塔卡（约57元人民币）的贷款，用来买些米和炉具，在街上卖烤米饼。现在，我和孩子的温饱已经不成问题。”拉希玛是格莱珉银行众多服务对象的一个缩影。

这是国际上公认的普惠信贷扶贫模式之一，贷款给无抵押担保的贫困人群，能够盈利并可持续发展。

1983年，穆罕默德·尤努斯创办了格莱珉银行。格莱珉银行服务对象大多数是女性，以每5人一小组、小组成员间相互鼓励与监督的模式向个体经营者发放小额贷款。主要做法包括：开创小额还款的先河，以每周还款的模式减轻单次还款压力；组建贷款小组，作为贷款发放和收回的基本单位，鼓励组内成员相互激励和监督；鼓励小组进行小额存款，作为组内成员共同的应急基金等。在格莱珉银行多年的帮助下，这些群体中近2/3的人口已经脱离了贫困线。这种小额贷款模式，逐渐改变了人们对贫困人群融资的传统偏见。格莱珉银行成为孟加拉国最大的农村银行，被称为“穷人的银行”，其做法也引起了全球金融业的强烈反响。

金融排斥理论指出，弱势群体成为“二八定律”的受损者，金融发展呈现严重分化。传统金融机构作为金融服务供给方，出于追求效益最大化的经营属性，当小微企业或低收入人群因信息不全、规模不经济、缺乏抵押或担保，以致金融风险较大或不确定性高时，按照交易成本理论，必然倾向于远离这类客户，即所谓“嫌贫爱富”。从更深层次看，金融排斥还将导致经济运行出现结构性问题，国家间、国家内部各地区之间的经济发展失衡。

英国经济学家E.F.舒马赫在《小的是美好的》（*Small Is Beautiful*）一书中指出，企业不是越大越好，相反，小也有小的好处。例如，船小好掉头，小企业灵活性较强；结构比较有弹性；人员少，容易拧成一股绳，形成强大的合力。

2005年联合国提出了“普惠金融”概念，这是国际社会对金融排斥和偏差现象进行认识、升华与反思的重要政策成果，是对过去世界范围内的经济政策多以效率为中心、关心增长性问题，而对包容性发展不足的纠正。除了格莱珉银行模式，各国也都在积极开展普惠金融探索，形成了一系列富有成效的建设经验与典型模式。

例如，以社区金融机构为主体发展的关系型信贷。英国社区金融机构是非政府的融资实体，经营模式与信用社类似，主要服务边缘化的社区，以低收入人群为主要服务对象，在贷款方面提供优惠。美国社区银行作为大银行的补充，为受到金融排斥的中小企业提供信贷支持，在美国经济金融体系中发挥着重要的作用。

随着金融科技的运用，部分美国金融机构如第一资本金融公司（Capital One），通过数据和信息技术将客户进行分层，利用数据分析客户需求，结合其自身积累的客户数据、个人行为及违约记录数据，建立客户风险决策模型，为小微企业提供差异化服务。

在日本和欧洲，建立了非营利性金融组织，以合作金融制度为主体，社员自愿入股，集合分散资金，通过信用担保融资，实现互助互利。大致分两种：一种是类似于日本借助政府行政手段，自上而下建立农村合作金融体系；另一种是类似于德国和荷兰的自下而上参股型，以农民自愿为基础、政府扶持为辅的农村合作金融体系。以德国为例，整体呈“金字塔”形三层组织架构，塔底为众多基层合作社和合作银行，中间是地区合作组织，塔尖是德国中央合作银行。政府较少干预，但持有中央合作银行的部分股份，为其提供资金来源。

巴西自1999年起相继通过了系列立法，鼓励金融机构通过代理的方式向无正式银行服务网点的区域和城市发展，更侧重金融的可得性，拓宽服务渠道，弥补农村和边远贫穷地区金融服务空白。在2000年，全巴西大约有1/3的城市都没有提供正式银行服务的网点，而到2010年，巴西拥有了覆盖全国所有城镇的银行代理机构约15万个，占各类金融服务网点总数的62%，很多低收入群体借此获得了基本的金融服务。

在非洲，随着手机的普及，实现了移动领域金融创新，通过手机短信进行移动支付。如肯尼亚移动运营商推出的M-Pesa服务，利用短信收发方式，为民众提供低成本、更便捷的汇款方式。移动支付成为数字普惠金融的跳板，以借款人手机移动支付相关记录为信用手段，为其提供小额无担保的信用贷款。肯尼亚移动运营商与肯尼亚最大的银行肯尼亚商业银行（Kenya Commercial Bank，简写为KCB）联手推出移动小额贷款产品，主要是无抵押贷款业务，帮助此前无法获得银行贷款的用户获得融资。

从上述几种代表性模式可以看出，无论是发达国家还是发展中国家，为了共同的缓解金融排斥目标，都采取了很多举措。这些减少歧视、推进全社会成员参与、促进小微企业发展等包容性增长措施的实施，不仅解决了小微企业和贫困人群融资难、融资不平等的问题，而且一定程度上缓解了经济发展过程中的结构性矛盾，有利于社会稳定。尽管各国做法有所差别，但发展普惠金融的目标是相同的，形成的共性经验可以为我们所借鉴。

数字普惠金融模式

近年来，中国的普惠金融发展迅速。比较有代表性的有依靠线下作业的“台州模式”和完全依赖线上作业的互联网银行模式。在小微信贷领域，以台州银行、泰隆银行和民泰银行为代表的“台州模式”闻名遐迩。如台州银行的“三看三不看”，即不看报表看原始、不看抵押看技能、不看公司治理看家庭治理等。

网商、微众等互联网银行则全然不同，它们依托自有平台（阿里巴巴、腾讯）超10亿用户的数据优势，聚焦其自身生态体系内的交易数据进行场景化融资，走出了一条完全线上化的路子。但互联网银行高度依赖于自身生态体系的交易数据，总体来看仅对小额、短期的贷款管理较为有效。

在传统印象中，大银行天然做的是大生意。但市场环境并非一成不变，我国经济已由高速增长转向高质量发展阶段，过去一味“求大”的业务范式开始显露疲态，亟须寻找新航向的金融巨轮，在看似不可逾越的海域划出一道新的航线，在市场上引发巨大的激荡——大银行怎样去做小企业信贷呢？

重塑小微企业信用评价机制

小微企业的发展关系国民经济质量，关系就业和民生改善，具有很强的社会属性。同时，从市场需求看，市场主体总量快速增长，需求空间大。据国家市场监督管理总局统计，截至2022年年末，全国小微企业达5 000万户，个体工商户达1亿户，是中国经济增长的新引擎、新动能。

在国家政策层面，党的十八届三中全会正式提出发展普惠金融，我国普惠金融发展由此进入规模化、机制化的快速发展期。

从微观层面看，小微企业融资难、融资贵，其症结在于信息不对称。小微企业大多数往往没有财务报表，企业的真实经营情况难以被准确把握和评价，又缺少抵押物，难找可靠担保。建设银行跳出传统以财务报表分析评价客户风险状况和还款能力的方式，将客户生产经营场景数据作为信用要素，推动内外部数据标准化、关联化，将数据资产转化为信用信息，从而为小微企业融资提供判断依据。

同时，通过连接外部渠道，将各类外部数据转化为内部通用的数据字典，构建企业级的数据管理体系，形成了以人行征信、纳税、公积金、投标等政府及公共事业类数据为基础，应收账款、电商交易等特色场景类数据为补充的外部数据库。通过内外部场景建立数字连接，整合了近6亿条客户信息，进行目标市场模型的逻辑分析与转换，对企业进行立体“画像”，以此判断企业经营情况。在此基础上，形成了新的普惠金融发展模式（见图3-1）。该模式特点如下。

第一，从“以财务指标为核心的信用评级”转向“以交易记录等大数据为核心的履约能力判断”。传统信贷模式对企业评级以财务指标作为分析核心，但小微企业财务报表不规范、信息质量差，导致难以准确评价企业的真实经营情况。2012年，建设银行探索推出评分卡业务模式，对小微企业偿债能力进行批量化、多维度快速评价，并以标准化打分的形式提供审批决策，这是小微信贷服务进程中的里程碑式变化。

第二，把控实质性风险，创新小微企业零售评分卡体系。通过对积累的众多小微企业客户的结算记录、账户行为和定性指标等大类指标以及上亿条经营数据进行逻辑回归分析，创新小微企业零售评分卡体系，包括申请评分卡和行为评分卡。其中，申请评分卡主要围绕履约能力、信用状况和交易信息等非财务信息进行评价，应用于客户信贷业务评价和审批决策；行为评分卡基于小微企业客户的债项信息、结算信息和还款信息等行为信息进行构建，应用于贷后风险监测及信贷业务续贷审批。

第三，构建小微企业专属信贷业务流程。结合小微企业经营特征和风险特点，改变原有的大中型企业“先评级、再授信、后支用”的信贷业务办理模式，采取单笔债项授信方式，充分简化小微企业信贷流程。同时，通过批量化和标准化操作，提高贷款流程效率，满足小微企业“短、小、频、急、散”的贷款需求。在资本计量方面，采用零售分池计量经济资本，降低经济资本占用。

第四，推出小微企业贷款自动审批功能。通过设定不同准入条件和专家评分卡阈值，系统综合判断小微企业的履约风险和还款能力，实现了从人工审批到系统自动审批的转变。自动化审批大幅提高了审批效率，节省了审批资源，为小微企业金融服务快速扩面提供了便利条件。

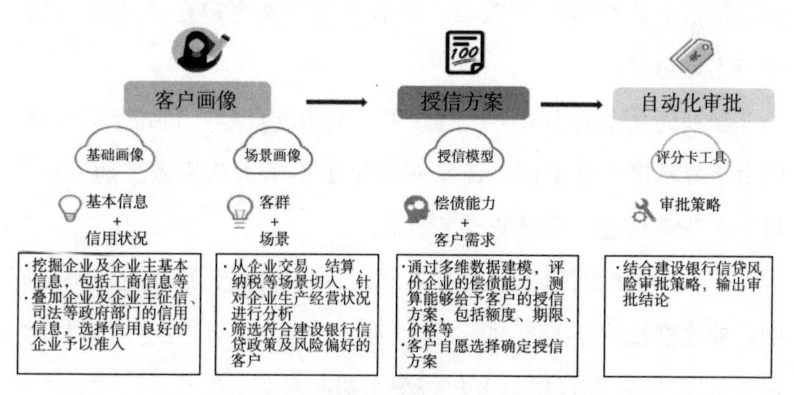

图 3-1　建设银行新的普惠金融发展模式示意图

开启自助式普惠金融服务模式

2016 年，针对不同类型的小微企业信贷需求场景，建设银行推出了“小微快贷”业务，形成了信用快贷、抵押快贷、质押快贷和平台快贷等子产品体系，包含不同的风险缓释方式。实现在线申请、实时审批、线上签约、支用和还款，这种全流程线上化的自助贷款模式，跨出了小微企业融资模式蝶变的关键一步。

突破点一，改变传统“抵押依赖”的作业模式，实现“数据增信”

针对小微企业融资的“抵押难”“担保难”问题，建设银行在有效识别和控制风险的前提下，重点创新了“信用快贷”系列产品。通过对小微企业的纳税情况、电费信息、公积金缴存、结算记录等进行综合分析，运用多维数据建模，测算能够给予的、合适的贷款额度，由“抵押依赖”变为“数据增信”，大幅提升信用贷款占比和客户覆盖面。目前信用贷款客户在“小微快贷”中占比近 70%。

深圳何女士的手机工厂接到了一笔印度订单，利润空间可观，但由于显示屏价格上涨，流动资金满足不了采购所需。随着交货日一天一天逼近，喜悦变成了烦恼。

“您公司在我行代理缴税，公司的纳税情况、结算业务都挺好的，建议您试一下我行的‘云税贷’产品，1 年期纯信用贷款，可随借随还。”建设银行客户经理小郑向何女士推荐。

何女士马上安排财务对接，在网银端授权申请了“小微快贷——云税贷”，实时获批180万元贷款额度。几分钟后，贷款全流程就走完了，何女士也因此顺利完成交货。一个月后，何女士收到印度客户的回款，实时归还了这笔贷款。算了一下账，由于是随借随还，何女士实际支付的利息只有贷款金额的3‰。

“云税贷”以小微企业纳税情况、纳税信用等级等为依据，综合确定贷款额度，采取“互联网+税务+信贷”的全线上信用贷款模式。小微企业税务信息丰富且较为真实可靠，能够全面反映企业经营情况与诚信水平。2015年9月，建设银行与国家税务总局联合建立“征信互认、信息共享”为基础的银税合作机制，以税获贷，涵养税源。2017年8月，建设银行将“银税互动”整体从线下搬到线上，打造了平台合作数据直连范式。通过企业线上授权、数据实时传输、审批结果实时展示、贷款实时支用的模式，提供基于税务场景的融资服务。

2019年，根据国家税收政策变化和调整，建设银行在“云税贷”基础上创新推出“减税云贷”，结合减免税额还原企业应纳税情况，计算给出贷款额度，避免因为政策性减免税导致贷款额减少的问题。

除“云税贷”外，建设银行依托经营数据的信用类产品还包括基于国家电网用电数据的“云电贷”、关联公积金数据的“薪金云贷”等，创新了30多款场景类产品。

突破点二，改变线下人工作业的传统模式，构建线上标准化作业流程

建设银行整合普惠金融涉及的内部业务系统功能，调用对公

对私等相关组件服务，构建专属化的信贷流程模块，实现业务申报的标准化操作、业务流程的可视化管理以及信贷行为的大数据回溯分析。企业通过线上渠道发起贷款申请后，系统自动调取数据、调用模型，根据内嵌系统的选客标准分析判断信用状况，依据评分卡进行自动审批并给出贷款额度、期限、利率等结果，企业按需在线上支用、还款，流程效率大幅提升。信贷办理时间已由传统信贷方式的20~30天，缩短为实时审批、立等可贷。

突破点三，运用互联网思维、方法和工具，提供“定制+推送”的精准服务

建设银行在对各行业及重点客群梳理的基础上，通过客户聚合、场景接入，自动筛选小微企业目标客户。通过官方网站、手机银行、微信小程序等场景，结合生物认证、二维码识别等科技手段，建设银行智能识别并适配信贷产品，推出“定制+推送”服务流程，提升服务精准度，改善客户体验。

依托产业链和供应链，实施“双大”带动“双小”

国民经济的良性循环取决于产业链、供应链能否实现供给韧性。就我国而言，无论是继续巩固存量的产业链完整优势，还是在国际分工中加快提升产业链附加值，促进产业链优势向价值链优势转变，都离不开链条上千百万小微企业的共同助力。随着产业链、供应链分工日益深化，需要用好金融的手段稳链固链，助推产业链良性循环和优化升级。

对于供应链金融业务，核心是综合运用交易、资金及物流

“三流合一”信息，将信贷主体信用转化为交易资产信用，构建有机融合的供应链金融生态。在实践中，推进供应链金融业务存在一些难点。

首先，最大的难点是核心企业的配合意愿。一般来说，银行控制风险最有效的手段，在供应链金融中被称为“交叉验证”。小微企业自称有核心企业的应收账款，目前还没有技术手段能够在核心企业不配合的前提下，由小微企业进行自证。有的核心企业没有看到直接的效益，对确认应收账款积极性不高。

其次，即使核心企业愿意配合，但企业流程管理和数据质量没有达到金融级。企业内部的业务数据和流程，不是为了服务金融机构风控去安排的。如交货验收环节的系统登记，有很大的随意性，当这些记录的准确性、及时性与信贷风险挂钩后，会突然发现数据失灵了，流程和数据的基础没有提升到金融级。这就需要银行适应现状，总结行业特征和规律，提升在有限数据前提下识别和判断风险的能力。

最后，较难实现金融服务由标准化到个性化的转变。供应链金融要求银行根据行业、企业进行个性化风控和产品安排，这需要提高金融风控底层能力，特别是通过多维度数据识别客户能力，才能为同一产业链上的核心企业、不同链条企业提供特色风控下的信贷服务。

对建设银行而言，可以发挥“双大”战略积累的大行业、大企业客户优势，以“双大”带动“双小”，创新搭建在线供应链业务系统，实现供应链金融线上化、平台化和数字化。就具体的服务场景而言：一是线上化解决线下业务物理距离问题，链条企业“点点鼠标，融资到账”；二是通过线上化形成流程和服务的标准化，解决办理效率问题，单笔融资在15分钟内完成。供应链金融风控方面，由主体风控向交易风控转变，通过管理交易来管理借款主体的业务风险，本质上就是实现从主体授信到债项授信的转变；三是打造全流程在线、全产品服务、全场景覆盖的数字供应链平台，通过金融科技高效服务触达产业链两端更多小微客户。引入AI客服、自动审单、智能质检等技术工具，专业专注、细化分工，提升集约化运营服务效率。加快新场景、新产品拓展，打造覆盖上游从招投标、中标、订单、入库到应收应付，下游从预付款、存货到终端消费等供应链全流程、全周期、全场景的端到端服务体系，提升供应链融资综合服务能力。

通过依托一站式“科技+运营”服务，建设银行的供应链金融覆盖率和业务处理效率大幅提升，带来业务规模、客户数量的爆发式增长。截至2022年年末，其线上供应链融资余额超过5 300亿元、有余额核心企业4 600多家、有余额链条企业近10万家，其中小微企业占比91%。

构建智能化、全流程风控管理体系

在传统信贷模式下，由于人工操作环节多，大量依赖主观判断和人为决策，难以避免操作风险和道德风险。多种因素交织影响，小微企业贷款不良率居高不下，曾经达到7%~8%，部分地区和行业不良率甚至更高。在新金融理念下，建设银行建立多维数据模型，强化算法和工具应用，打造普惠金融“六位一体”风控体系（见图3-2），包括企业级底线排查拒险、业务反欺诈阻断排险、场景化模型选客识险、多维度额度管理控险、智能化监测预警避险、专业化催收处置化险6个方面，实现信贷业务全流程智能化风险管控，解决小微企业贷款不良率高的问题。

图3-2 建设银行普惠金融“六位一体”风控体系

智能化风控技术应用于普惠金融信贷业务前中后的全流程。贷前环节借助“负面清单排除”和“替代数据画像”等重构调查方式，重塑小微企业信用发现及发掘机制；贷中环节依托“评分卡评价模型”等优化审查流程，系统自动调取模型生成客户风险量化评价并给出审批结果；贷后环节落实“在线管理工具”等检查手段，实现由传统的定期贷后检查向“风险预警触发的风险核查为主”的新型贷后管理转变，对不同风险级别客户采用不同贷后管理策略。

整合内外部全量信息，通过企业级底线排查和反欺诈，实现企业级信用风险信息共享和协同控险，筑牢信贷准入关。建设银行依托线上业务风险排查系统实现全行统一的准入底线筛查，落实行内各类黑名单、行外各类负面清单管理机制，构建底线拒绝策略体系，构筑贷前准入的第一道防火墙。以“名单+规则+模型”方式为管控抓手，挖掘客户信息真实性异常、经营信息异常、资金往来异常和关联关系异常等核心欺诈场景，开发反欺诈规则，实现对典型欺诈自动阻断。

依托场景化模型选客，精准识别风险。运用数据回归、人工智能等大数据分析技术，建设银行形成包括小微企业、个体工商户、纯新客户三大类客群和依托税务、电力、供应链、农户等场景的“3+X”评分卡模型体系，强化客户准入模型控险能力。开发特色化的评分卡模型工具，根据客群变化快速实现模型迭代优化。

基于客户真实用款需求进行额度测算，通过多维度额度精控，防范过度授信。建设银行按照产品额度上限、人企合一模型、零售客户风险限额等进行多层级限额机控，避免过度授信。同时，将支用环节管控纳入系统自动控制，包括资金违规流向拦截、注吊销企业支用管控等机控功能。

开发“智慧大脑”可视化监测视图，多维度监测处理风险。构建包含不良、逾期等指标的固定报表，可视化视图等监测工具体系，实现从区域、机构、业务结构、客户群、单一客户等任一维度对普惠金融业务风险指标、风险变化趋势的实时监测，并对风险进行分级显示，对触发阈值的异常风险进行预警。

在新模式助力下，建设银行普惠金融服务可得性和渗透率不断提高，金融排斥问题有效缓解。从规模总量来看，之前每年普惠金融贷款新增大约200亿~300亿元，运用新模式后，2017年建设银行率先达到人民银行普惠金融定向降准“二档”标准，之后持续高速增长，2020 年 3 月成为全国首家普惠型小微企业贷款余额突破万亿元的商业银行，近年来每年新增贷款均在 4 000 亿元以上。5 年来，建设银行普惠贷款余额占比从 2.5%上升到 12%，新增占比从 1.3%上升到 25%。贷款客户从 2017 年年末的不到 60 万户，5 年间增长了 4 倍，超过 250 万户。同时，得益于数字风控体系建设，普惠金融不良贷款率从最高时期的 7%~8%，如今稳定在 1%左右，为降低小微企业融资成本打开了空间。而且线上化自助模式，有效地防范了道德风险和操作风险。

建设银行数字普惠金融对传统模式的变革，不仅赢得了良好的市场口碑，还推动全行上下形成价值认同与文化重塑。黑龙江省分行员工姜子夜，道出了基层客户经理的心声：

> 作为一个普通的年轻人，我向往传统的对公客户经理的光鲜。历经一路奋斗，终于晋级为对公客户经理，我却在拓展大客户的过程中遇到了无数困难，特别是在找寻“双大”客户的路上陷入屡战屡败、屡败屡战的循环，日常遭遇的冷遇、不解，让原有的雄心壮志被消磨殆尽。当时的我想不到，我会成为分行普惠金融战略的初代践行者，更想不到远大战略所能燃起的燎原之火。
>
> 首次真切感知普惠金融是在“云税贷”上线的那天。起初，我对这种全线上的全新业务模式缺少认知，对于几十万元、百余万元的贷款业务也不太感兴趣，因为以前办理一笔银行承兑汇票都是几千万元的大业务。“贷出来了?”“钱到账了?”“你们这个贷款太厉害了，我还不知道咋回事儿呢就

放款了。”“50万元，谢谢你们啊，解决我大问题了。”看着化工原料代理商胡大哥激动的神情，我能真切感受到他内心的波澜。对比动辄千万元的大业务，这一笔微不足道的“小业务”或许就是一个企业和背后多少个家庭的“救命之水”吧。

他的波澜没有溢出双眼，却涌进了我的心里。成为客户经理以来，我第一次感受到什么是“被需要”。毫不夸张地说，与普惠金融的美丽相遇，点燃了我继续前行的希望。

因为有了普惠金融战略，小微企业站了起来——市场和行业的“草根”在心与心的交融中，携手共进、同创未来，构成了奋进新征程的最美丽图景。

在新金融理念指引下，借助金融科技力量，建设银行不断创新实践，在规模和效率上不断突破，获得了全面发展。而这只是中国普惠金融发展的缩影，中国普惠金融服务已在国际上处于领先水平，为推动社会经济平等发展贡献了巨大力量。建设银行普惠金融模式以专业范式引领了金融行业标准，数字化线上化模式成为我国央行制定相关行业标准的基础蓝本，并于2021年入选二十国集团（G20）框架下普惠金融全球合作伙伴会议唯一中国金融机构案例。

惠懂小企业

平台经济是数字经济的一种高级形态，是商业模式的创新和产业范式的变迁。银行本身就是一个大平台，数字技术和共享理念赋予银行平台化经营新的内涵。一是覆盖更广。土地、劳动力、技术、资本等生产要素数字化，现代金融服务得以无远弗届地投送到千家万户，真正践行“服务大多数人而非少数人”的新金融理念。二是效率更高。平台经济模式打破地域、行业、技术的界限，使资源和信息流动更高效、事项办理更便捷。三是连接更紧。根据梅特卡夫定律，随着用户的增加，网络的价值呈现非线性增长，使得用户之间建立起更深层的连接。线上平台服务的“无处不在”加剧了“金融脱媒”，银行的“被需求感”越来越弱，人们使用微信的频率每天高达几十次，但手机银行往往是几天才打开一次。四是渗透更深。从电子商务到餐饮、出行等民生领域，再逐步拓展到支付、结算等金融功能。五是外部性更强。数字平台介入越来越多的民生领域，具有一定的准公共性。银行与政府合作通过平台发放消费券，效率提高的同时降低了成本，有助于提升公共服务水平。

《平台革命：改变世界的商业模式》一书中指出，越是信息密集型行业，越容易平台化。国有大行在专业能力、技术和资源等方面都有一定优势，只要沿着正确的方向持续努力，强化金融服务和生活场景的连接，就能打造出金融行业的“头部平台”，发挥金融稳定器、市场风向标的作用，建设服务社会民生的重要基础设施，实现自身和国家高质量发展相统一。

建设银行聚焦普惠金融贷款场景打造的“惠懂你”App就是这样一个平台。“给你再多，不如懂你”，这是“惠懂你”名称的由来。“以互联网思维，搭建外部交互开放、内部充分整合的平台，运用好平台经营模式，不断提高数据资产经营能力，打造普惠金融新生态”，这是“惠懂你”的经营理念。

过去小微企业到银行办理贷款，需要在线下提交一堆资料，而几天后可能会被告知“没有额度”。就像所谓“薛定谔的猫”，必须在打开箱子后才能知道结果。2018 年 9 月，建设银行结合业务操作移动化和客户需求自助化新趋势，推出小微企业信贷专属平台“惠懂你”App，为小微企业和个体工商户提供 7×24 小时移动化服务。“精准测额”功能是一个新亮点，客户在 App 上点击“精准测额”，系统会自动生成可贷额度并在页面显示出来，实现“可见即可贷”。

“在线授权”功能也是一项重大改变。根据《公司法》，企业在贷款时应提供股东会授权决议，通常需要股东现场开会签署相关文件。“惠懂你”开创了线上股东会授权的先河，运用人脸识别、视频加密等技术，连接工商、征信等数据，让股东能够线上完成身份认证，股东线上投票，自动生成股东会决议，免去线下开会、到网点提交材料等烦琐动作，轻松实现贷款授权。

“惠懂你”实现了身份信息验证、贷款合同签约等线上办理。银行后台端采用流水线作业，通过系统自动抓取业务信息。只需在手机上点击 10 余次，即可完成“用户注册—企业认证—精准测额—贷款申请—贷款发放”等办理步骤（见图 3-3）。对于信用贷款，1 分钟便可实现从贷款申请到支用的全流程。

2017 年，阿亮被招商引资到了贵阳，创建了一家信息技术公司。2019 年，公司快速发展，在高端人才引进、产品研发方面投入力度都很大，公司账上的余额眼看就要到零了，阿亮奔波于当地多家金融机构。遗憾的是，均因抵质押物要求高、业务办理时间长或贷款价格高等问题而搁浅。踌躇之际，阿亮看到了建设银行“惠懂你”的产品介绍。抱着试一试的心态，他下载了 App，然后按步骤测算了额度。结果，竟然有 110 万元信用额度，并且很快就贷了出来！阿亮坦言：“我不懂金融，但我知道，银行的贷款产品对于我们小微企业应该更有便捷性。现在，我真的体验到了。”

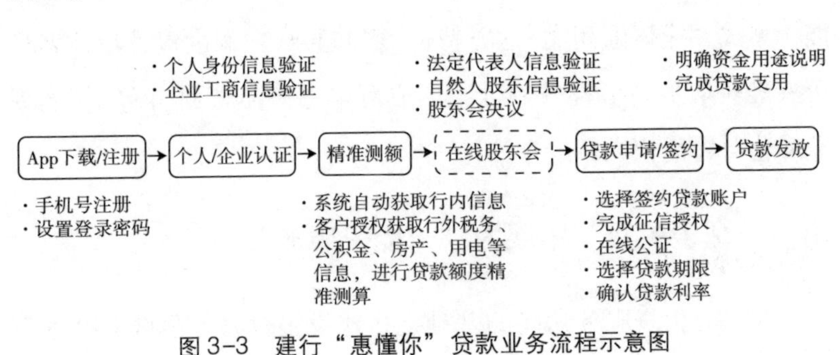

图 3–3　建行“惠懂你”贷款业务流程示意图

从“千人一面”到“千人千面”

在数据、场景、客群三轮驱动模式下，“惠懂你”以信贷融资服务为核心能力，形成覆盖信贷全流程的多品类服务，丰富产品供给“工具箱”，形成入门级、成长类、通用类、定制类产品谱系，覆盖小微企业、个体工商户、涉农主体、供应链上下游企业、外贸企业等多类主体。创新“首户快贷”产品，填补小微企业融资供给“空白地带”。截至 2022 年年末，建设银行已有万亿级产品 1 个，千亿级产品 4 个，百亿级产品 7 个。

新冠肺炎疫情防控期间，“惠懂你”加速释放线上服务效能，为客户提供全线上无接触服务，支持线上贷款延期和无还本续贷功能，助力企业“复工复产”平稳运行。

对于新用户，“惠懂你”摒弃了“办业务先开户”的传统银行思维方式，用户可以在不提交任何资料、不发起贷款申请的情况下，在线免费测算贷款额度，确认有意向了再进行贷款申请或预约开户。在自助化操作基础上，实现“快易简便”的体验。“惠懂你”不仅了解新用户，同样懂得老用户。上线快捷提额功能，集成“全国通用类+地方特色类”超40项额度提升项，客户可一键获取最高可提升额度，形成可申办产品“组合包”，实现差异化、智能化产品组合推荐。

由“一锤子买卖”拓展为“一揽子服务”

在核心信贷服务功能的基础上，建设银行将普惠服务从融资环节向客户全生命周期迁移，解决客户的深度服务和成长关怀，由低频的融资服务延伸至更为高频的金融服务，服务覆盖面由授信客户拓展至“企业+个人”综合金融服务。

创新财富视图功能，打造覆盖小微企业和小微企业主的“B+C、资产+负债、收入+支出”的全景视图。契合小微企业成长需求，增加账户管理、电子对账、我要收款、我要代发、理财、基金、保险等金融服务。推广数字人民币业务，部署移动端全流程数字人民币对公钱包服务，提供对公钱包开通和注销、钱包充值、转回账户、钱包状态查询等功能。通过小微企业云课堂，在线普及金融信贷知识和企业经营管理类知识。布放惠企查功能，能直接查询企业股权结构、关联公司、工商变更信息等。此外，还建立用户分层分类管理体系，实现“用户—客户”的精细化进阶经营。

让银行服务无所不在

以开放为主要特征的共享经济，推动银行主动融入多元化场景，进行银行生态重构。开放银行的价值在于，提升银行金融能力以及金融数据开放和共享。银行不再是场所，而是一种无所不在的服务。

一方面，建设银行利用软件开发工具包（Software Development Kit，简写为 SDK）和应用程序编程接口（Application Programming Interface，简写为 API）技术，将银行的金融产品和服务通过标准化封装，建立开放银行平台，向合作方平台输出，打造共建、共生、共享、共赢的合作生态版图，赋能政府、市场等各方主体。

另一方面，“惠懂你”连接政府机构、垂直领域专业服务商等外部平台，构建开放多元的服务社区。面向企业开办、财税管理、物流服务、法律服务、差旅、培训、会展等领域开展互联网场景共建，建设“金融+政务+商务”服务生态，为推动营商环境便利化改革提供“建行方案”。

金融服务与税务服务互融互通，“智慧税服”提高小微企业税务办理便利性。与税务场景进行深度融合，将办税、查询、预约等基础税务服务引入“惠懂你”。同时，以核心信贷服务出海电子税务服务平台，促进优质纳税用户信用转化，在办税时能看到授信入口，需要资金时随时办理。

“一直以为企业报税是一件很复杂的事情，想不到只要在手机上点一点，几分钟就能自动完成报税流程，让我能更专注公司经营了。”在广州从事商务公寓运营的郭总使用“账税易”财税自动化功能，快速完成了税务申报。公司由于财务人员短缺，每年的企业报税是公司负责人头疼的工作，有时甚至要花高价委托税务代办公司进行报税。有了“账税易”，借助专业客服的指导，让不懂财务的企业主也能够轻松完成企业报税。便捷报税是“惠懂你”与“账税易”财税自动化功能赋能小微企业提质降本的一个范例。

“我现在能够随时随地上传记录企业发票，再也不用担心发票丢失了。”“系统会自动生成财务报表，企业经营情况一目了然。”“我在这里真的学习到了很多税务知识。”建设银行将企业经营场景嵌入“惠懂你”平台，“一站式”财务管理功能让小微企业经营与银行服务更加紧密地联系在一起。

“惠懂你”引入公共政务服务场景，“智慧市监”架起银行与市场监督管理信息的“高架桥”。市场监督主管部门成为“惠懂你”平台生态的服务供给方，实现了线上“一站式”企业开办的服务功能。既能申领营业执照，完成工商注册登记，又能办理结算账户，了解最新信贷产品和金融服务资讯，可谓进“一扇门”，办“两家事”。

“现在办企业越来越方便，在家动动手指点点手机，足不出户就解决了我们企业注册的问题，办完工商注册，同步也完成了银行的开户预约，真方便！”吉林省白山市小企业主张先生说。他准备开办一家食品公司，使用了“惠懂你”智慧市监服务功能，半个多小时便完成了从企业开办到银行账户预约开户的全流程线上操作。将公共服务场景嵌入“惠懂你”的平台模式，能够帮助银行在企业成立之初建立密切的银政企互动关系。

“智慧工商联”+“企业综合服务系统”创新了金融机构与工商联协同工作新模式。建设银行与全国工商联围绕“搭建平台、密切联动、资源共享、优势互补”开展多层次合作，共同建设专门服务民营经济的企业综合服务系统，不仅实现了与全国工商联“网上工商联”项目用户体系、数据系统对接集成，而且形成了融资服务平台、小微成长平台、创新支持平台、投融顾问平台、善融撮合平台、教育培训平台、数据治理平台、党群社服平台等全面赋能民营经济高质量发展的八大平台。以“联合工商联、依托行业商会、立足头部企业、辐射行业客群、加快业务转换”为目标，组建“总行+分行+商会+企业”柔性团队。建设银行浙江省分行向浙江省工商联及全省 11 个市级工商联派驻了 21 名金融指导员，在工商联机关“坐班”工作，履行“联络员”“宣传员”“参谋员”角色，帮助解决民营企业发展中的“瓶颈”问题和实际困难。

对于“惠懂你”的发展历程和功能变化，“惠懂你”项目团队负责人郭超靖介绍：“‘惠懂你’1.0 就像一个互联网的探针，它打破了用户和客户的壁垒，通过开放的平台，让市场上更多的小微企业能够更加便捷地了解建行服务，获得建行服务。比如平台的精准测额功能，免费为客户测算贷款额度，客户有意向再进行贷款申请或预约开户。这种开放式用户思维、平台思维使得‘惠懂你’平台引流能力突出，行外纯新客户占比达到一半以上，用户快速地聚集到了平台上。

“小微企业的需求痛点不只是融资，普惠金融服务也不止于信贷，我们在提供信贷服务的同时，也在考虑如何帮助小微企业实现更好的经营管理。调研发现，超40%的小微企业对财税服务有需求，超10%的小微企业对招聘、商旅、进销存管理、法律服务等有需求。现在推出的‘惠懂你’3.0就是针对小微企业这些需求痛点，通过聚合公共服务和政务服务等‘他生态’，构建企业社区‘自生态’，打造普惠金融服务基础设施，联合更多的专业机构、服务商和社会资源，共同为小微企业的经营成长赋能。”

道不孤，必有邻。“惠懂你”的平台定位、生态效应、商业模式，吸引了众多志同道合的企业服务商。顺丰、京东物流、中创万顺、中小企业协会调解中心等竞相入驻“惠懂你”。随着用户的增加，网络的价值将呈现非线性爆发式增长，用户之间将建立起更深层的连接。这既是平台的力量，也是“惠懂你”前进的方向。

普惠金融指数

金融工作说到底是社会实践工作，普惠金融不仅要解决小微企业融资难题，还要以根植于心的热忱去了解、关心和关爱更多普惠金融群体，向全社会输出金融和非金融服务。发挥银行、专业媒体、高校等社会各界力量，推动产学研跨界协同，探索以数字化方式刻画我国普惠金融发展状况，进一步引导社会资源和要素，为政策扶持、金融支持和相关配套服务提供技术支撑，推动包容性增长。

2018年10月，建设银行联合新华社中国经济信息社发布了

“建行·新华普惠金融小微指数”（以下简称“小微指数”），该指数是从行业和各省区域维度刻画普惠金融服务水平和小微企业发展状况的综合性指数，被央视评价为中国普惠金融运行状况的“晴雨表”和“指南针”。

小微指数从普惠金融的供给方和需求方视角出发，构建了四大系列指数体系，即融资指数、服务指数、发展指数和营商指数。从供给方角度反映中国金融体系为小微企业提供普惠金融服务的能力、水平和效果；从需求方角度反映小微企业自身发展状况和所处营商环境，全方位刻画小微企业普惠金融运行全貌。

小微融资指数，旨在考察小微企业融资需求满足程度、融资成本、融资效率和融资风险，包括需求指数、供给指数、价格指数、效率指数和风险指数等一级指数。其中：需求指数衡量小微企业对于资金的需求规模和需求满足；供给指数体现金融机构对小微企业融资服务供给情况及小微企业融资环境（见图3-4）；价格指数考察小微企业在间接融资过程中的成本支出价格（见图3-5）；效率指数反映小微企业融资效率；风险指数比较不同金融机构的贷款业务风险。

小微服务指数，旨在全方位评价中国金融体系为小微企业提供普惠金融服务的能力和水平，包含可得指数和质量指数。其中：可得指数从可得广度、深度、成本三个维度，综合反映小微企业普惠金融服务可得性及金融机构为小微企业提供普惠金融服务的能力；质量指数从满意度、服务效率和信贷障碍三个角度，考察金融机构小微企业普惠金融的服务质量，分析小微企业普惠金融的发展情况和面临的问题。

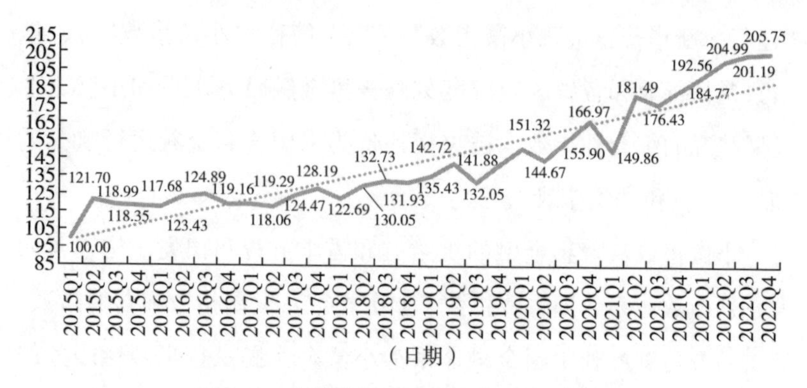

图 3-4　小微指数—融资供给指数走势图

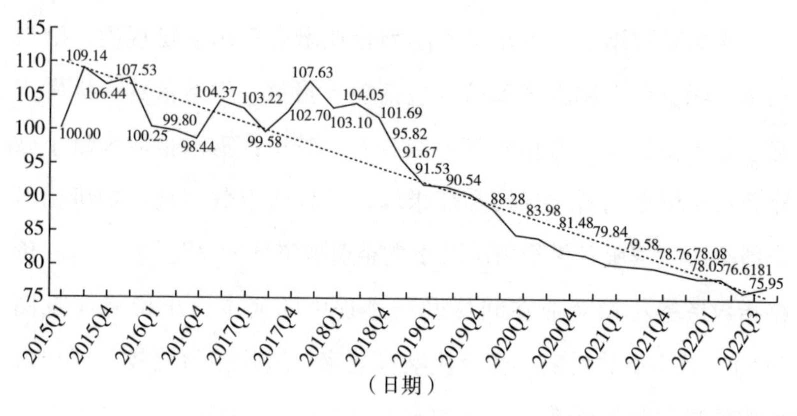

图 3-5　小微指数—融资价格指数走势图

小微发展指数，旨在反映小微企业作为普惠金融重点关注对象，其自身发展运行情况。发展指数从小微企业订单、成本、活力、信心、绩效等维度考察，下设 20 项二级指标（见图 3-6）。

小微营商指数，重点从政策、风险和成本角度，考察小微企业发展运行的营商环境，包括政策环境、风险环境和成本环境等

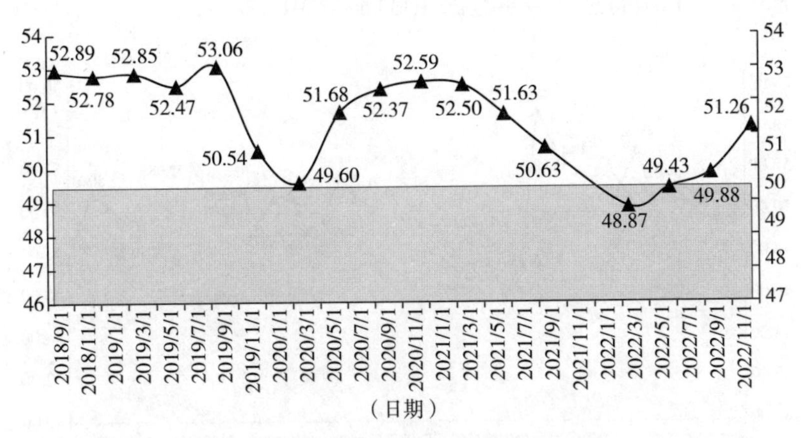

图 3-6　小微指数—发展指数走势图

一级指数，下设 7 项二级指标。其中：政策环境指数部分考察小微企业运行的政策环境，包括政府支持和税费负担；风险环境指数主要考察小微企业信用风险和经营风险；成本环境指数主要衡量小微企业的经营成本、融资成本和时间成本。

2022 年，为更加全面地刻画市场总体态势，建设银行在“小微指数”的基础上，推出“普惠金融—景气指数”。

普惠金融—景气指数以刻画普惠金融需求端小微企业、个体工商户整体发展情况为基础，结合供给端银行等金融机构提供的服务力度和质量，收集客观与主观调查问卷数据，综合刻画普惠金融市场小微企业经营和市场融资的景气程度（见图 3-7）。

普惠金融—景气指数展现了小微企业的生存发展态势，可以更敏感、更前瞻地感知小微企业冷暖，为政府、银行等社会各界服务支持小微企业发展提供依据。建设银行也在力争将普惠金融—景气指数打造成普惠金融领域的“PMI”[①]。

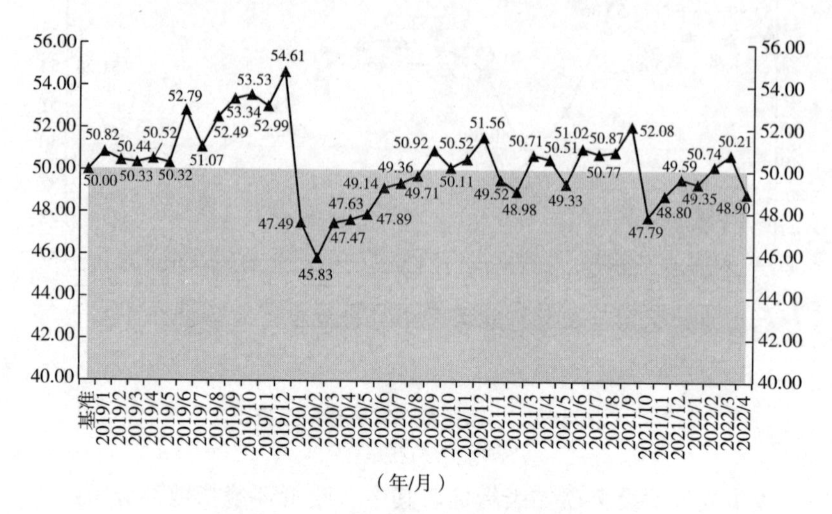

图 3-7 普惠金融—景气指数走势图

① 采购经理指数（Purchasing Manager's Index，简写为 PMI），被誉为宏观经济领域的先行指标。——编者注

第四章

“村链”工程

近代欧洲各国的政治经济学，比较有利于制造及国外贸易，即城市产业，比较不利于农业，即农村产业。

——亚当·斯密，《国富论》

中国的乡土呼唤金融

城市面临人口膨胀、交通拥堵、环境污染、住房紧张等一系列“成长的烦恼”，乡村也有“衰退的困扰”。过去多年来快速的工业化和城市化，资源和要素向城市单向流动，广大乡村出现了土地撂荒、人口外流、产业凋敝和基础设施薄弱等“乡村病”。“马太效应”之下，流动的城市与停滞的乡村，犹如经济社会版图的两条岔流，渐行渐远。

天之道，损有余而补不足。城市和乡村共处一个生态系统，互为依存又相互平衡，农村包围着城市。乡村是城市的“菜篮子、米袋子”，城市的建设和发展也离不开农民。站在新的历史背景下，实施乡村振兴不仅是我国农业农村发展到新阶段的要求，也是实现城市更可持续、更有后劲发展的要求。

乡村巨大商机已到喷薄欲出的临界点。政策、资本、人才、科技等资源要素正在向乡村积聚，蓄势待发，推动乡村大整合、大变革。从社会主义新农村、美丽乡村到乡村振兴，国家为乡村发展勾画出一幅清晰可见、努力可达的美好蓝图。农村土地确权、置换流转和产权交易所等市场化趋势逐步深入；乡村空间与信息科技、健康医疗、文化旅游等深度融合；农村电商、田园养老、田园综合体、社区支持农业、观光农业、生态民宿等新业态不断出现。乡村已处于大转型、大发展的关键时期。

一个时代要有与之相适应的金融旋律。从城市金融转向乡村金融将是时代旋律之一。发展乡村金融是事关农业、农村发展和农民收入增长的大事。伴随着城镇化，金融机构往往习惯于深耕城镇，乡村金融投入力度不足。商业银行回归乡村，用金融的力量进一步促进劳动力、资本、技术等要素发挥作用，激活乡村经济的内生动力，既是担当社会责任，将经济发展中获得的红利反哺到乡村，也是推动乡村新发展，帮助农民去建设现代美好生活。过去，商业银行以铺网点、增人员的方式提供乡村金融服务，确实成本较高，相关产品也不符合农业、农村、农民的风险特征；现在，金融科技打破了服务半径限制，释放出产品创新空间，让服务乡村成为一种行业时尚。

“2018 年全国‘两会’期间，我利用中间休息的时间向国立董事长汇报湖南省分行的乡村金融工作和成效。董事长问我下一步普惠金融服务点准备布到哪儿，我说准备到乡镇一级就可以了。董事长说，爱华，能不能布到每一个村里面。现在农村薄弱环节缺了很多东西，其中最缺的就是金融服务，就连最基础、最普通的金融服务都没有，金融资源主要在城市，没有在农村。另外，科技发展无远弗届，能到镇上的就能到村上。当然这个工作量会很大，会有很多问题需要探讨。”全国人大代表、建设银行湖南省分行行长文爱华回忆起当时做“普惠金融服务点”的事情时历历在目。湖南省有 24 099 个村，背后包含着巨大的工作量。

“做乡村金融最大的难点是什么？最大的难点就是布点难。从县支行到村里面，最远要超过 4 个小时的车程。开完会回来，我们下定决心重新对乡村金融进行顶层设计，改变以往的思路，不是简单的布点，而是要打造乡村金融完整生态。打通省市县乡村5级，并形成一个链条，为每个平台上的每个用户提供专属服务。”

乡村金融将助力催生一批新产业和新业态。农业与新一代信息和生物技术、健康养老产业、文化旅游业的跨界融合，将催生休闲农场、市民农园、乡村民俗、高科技农园、文化创业农园等一系列新业态和新模式。

乡村金融将助力带动一批传统产业转型升级。与城市化相比，乡村振兴涉及的产业更广、链条更长。乡村基础设施改造涉及光伏行业、垃圾分类、生物发电、厕所改造、污水处理、建筑材料、设计施工等。乡村振兴将对消化过剩产能形成有效支撑，加速高新技术应用，推动传统产业转型升级。

乡村金融将助力激活一片乡村“沉睡”资产。农村土地面积占我国国土面积的94%以上，有20亿亩耕地、38亿亩林地、33亿亩牧草地、5.1亿亩集体建设用地，农产品年产量19亿吨，村集体经济账面资产高达6.5万亿元。城乡有效融合，将最大程度唤醒和激活农村耕地、集体经营性建设用地、宅基地等“沉睡”资产，让乡村土地也成为财富之母。随之而来的财富效应，将显著提升乡村综合消费能力。

建设乡村金融服务点

“以前要坐车到县城才能办社保，现在在村头就能办理，真是太方便了。”李大爷家住濮阳县梨园乡前时寨村，过去存钱、取钱、交社保都要去濮阳县县城，一来一回十几公里路程得花费半天时间，这让70多岁的李大爷着实有点儿吃不消。但自从村里有了建设银行“裕农通”服务点，不出村就能办理这些业务了。前时寨村在2020年实现了全部脱贫，但村民不时为办理银行业务难而发愁。2021年年初，建设银行将“裕农通”服务点布放在该村的村委会内，自此金融服务真正扎根到了前时寨村。

前时寨村的“裕农通”服务点，是建设银行覆盖全国近八成乡镇及行政村的44万个服务点中的一个，能办理存取款、社保、电费代缴等业务。

长期以来，“大行下乡”是乡村金融的一道难题，存在不愿下、不敢下、不能下的问题。广大农村的居民连办理存取款等基本金融业务，都要到乡镇甚至更远的县城。农村领域的金融服务相对滞后存在多种原因，主要是金融机构的传统经营模式在农村难以扎根发芽。从银行的角度看，乡村地区地域广、人口居住分散，金融服务成本高、渠道网络覆盖难度大。同时，农村产业基础薄弱，受自然灾害、农产品价格波动等因素影响，农业产业相对来讲收益小、风险高，金融资本投向农业的动力不足。县域乡村储蓄资金流向城市，“马太效应”下的城乡二元结构加剧，乡村金融发展滞后。

21世纪初，受制于资源约束、业务能力和管理半径，大型商业银行收缩和退出了部分县域网点，缺少服务县域乡村的有效手段。随着金融科技发展和广泛应用，商业银行可以用较低的成本，将金融服务投放给广大的乡村客群，逐步具备了重新走进乡村的经营能力。2011年，人民银行要求商业银行在农村地区推广银行卡助农取款服务，改善农村地区支付服务环境，提升农村金融服务水平。自此起，建设银行着手探索建设“裕农通”普惠金融服务点，将金融服务布设到农民身边。

2011—2014 年是“裕农通”服务点的“雏形”阶段。采用银行卡助农取款电话 POS 模式，通过村里的小卖店店主、村委会干部等村里的“能人”，把小卖店、村诊所等有实际经营行为和资金沉淀的物理点建设为助农服务点，由服务点业主使用电话 POS 为周边的乡亲办理助农取款、转账和查询交易。但在实践中，电话 POS 模式拓展覆盖能力有限，投入成本高、设备利用率不高等弊端也日益显现。

从 2014 年年底起，“裕农通”服务点进入启动发展阶段。为了解决传统电话 POS 模式弊端，建设银行与湖北省供销社合作，共享供销社庞大的渠道资源，将村供销社发展为简版服务点，将村供销社管理人员发展为兼职的“裕农通”业主，通过手机安装具备特定功能的 SIM 卡，为村民提供存、取、汇、缴、查等基础金融服务。2016 年 4 月，建设银行总行与中华全国供销合作总社达成合作，将“裕农通”普惠金融服务模式向全国推广。

2018 年以后，随着国家乡村振兴战略的提出，建设银行服务乡村的出发点和定位由单纯拓展业务，上升到“以金融之水润泽阡陌田间”的大行责任，“裕农通”服务点进入快速发展阶段，县乡服务网络进一步延伸和下沉。

“三湘金融领头羊”是建设银行湖南省分行在当地的美誉，乡村金融是该分行的一大特色。“乡村金融从‘0’做到‘1’，再由‘1’做到无限大，实际上是一件非常难的事情，需要下定大决心，为老百姓真心实意搞好服务。”文爱华说。

“当然，我们的收获也很大，我们创造的社会价值得到了高度认可。不仅村民朋友肯定了我们，省委省政府也非常认可。省政府还明确，以后建行的服务点要放到每一个村的村政务服务中心，还纳入民政厅的乡村服务名录。也就是说，建行的服务点成为政务服务的内容，金融服务变成政务服务的一个必不可少的组成部分。这样，我们在农村的服务点就变成了功能最齐全、服务最便利、设备最先进的一个服务点，那就是融政务服务、金融服务和非金融服务于一体了。”

如今，建设银行在湖南的“裕农通”服务点已达到5.6万个，不仅村村全覆盖，而且入驻了2.4万个村委会；“裕农通”系统嵌入智慧政务体系，形成了“平台互连、场景互嵌、数据互通、产品叠加、获客活客互助”的一体化服务政府、企业和个人的生态闭环。

随着制度完善和技术升级，“裕农通”服务点通过“一门式服务”建设，逐步形成了“1点1人1屏1系统”的标准化模式。每个“裕农通”服务点配备一名“裕农通”业主为广大农民提供服务，配套布放一台“裕农通”智慧大屏终端；后端则通过全行统一的“裕农通”管理系统，接入10大类40项场景，提供支付结算、金融知识普及等金融服务，并将基层政务、水电缴费等便民服务线上化、数据化。

“裕农通”服务点合作方从供销合作社站点向村委会、村口超市、卫生诊所、退役军人服务站等扩展，建立起了建设银行与涉农服务主体的广泛连接。截至2022年年末，建设银行与各地村委会合作共建的“裕农通”服务点达 25 万个，占全部服务点的 56.82%。

“裕农通”App 让手机成为“新农具”

“乡村振兴金融之路不能走老路，我们采用金融科技，提供综合解决方案进行突破。”谈到新金融服务乡村振兴的特点，建设银行河北省分行行长陈中新如数家珍。陈中新是一位经验丰富的老行长，之前任云南省分行行长时联合云南省政府推出了“一部手机办事通”，通过这个 App 能办理多项政务服务。

2020 年，建设银行河北省分行与河北省农业农村厅合作搭建了“裕农通”乡村振兴综合服务平台。同年 9 月，建设银行与河北省政府签署金融助力乡村振兴战略合作协议。

“‘裕农通’平台上线后，实现了六大服务进乡村——智慧政务进乡村，农机服务进乡村，农户信贷进乡村，金融服务进乡村，技术培训进乡村，政策宣传进乡村。我陪同河北省政府领导调研时，在多地亲自体验‘裕农通’操作，试验效果很棒，各级政府都对我们表扬有加。现在我们已在超过 50%的行政村布放‘裕农通’智慧大屏 2.5 万多台，在屏幕上点‘我要看病’‘我要办政务’‘我要办村务’‘我要办金融’等选项，即可实现傻瓜式操作，非常方便!”陈中新介绍道。

“这都是在智慧政务基础上用金融科技搭建而成的，所以这个平台真正是一个金融科技支撑建设银行助力乡村振兴的解决方案。不是传统的金融服务机构和服务方式，它是科技便民服务平台，是助力治理提升的平台，是搭建信用体系的平台，是农民增收致富的平台，是拉动共同富裕的平台。”

陈中新行长所提到的“裕农通”乡村振兴综合服务平台，是建设银行从河北省开始试点的一款数字乡村金融服务的App，搭建了土地经营融资、云企贷、助农服务、产销服务、品质农业、阳光乡村、休闲农业与乡村旅游、职业培训等8个子系统。

其中，土地经营融资、云企贷子系统是金融业务模块，主要解决“贷”的问题，依托土地确权、经营权抵押、大数据精准画像等，提供抵押和信用类信贷产品，满足家庭农场、种养殖大户、专业合作社、农户等主体的经营资金需求。其他6个模块是非金融业务模块。助农服务子系统将“裕农通”服务点各项金融和缴费功能整合到一个入口；产销服务、品质农业子系统提供种子、化肥、蔬果、乳制品等销售和交易撮合、质量追溯和品牌管理；阳光乡村子系统将村集体财产和农村资源信息化，打通村级小微权力监督“最后一公里”；休闲农业与乡村旅游子系统围绕新业态，提供吃、住、行、游、购、娱“一站式”服务；通过职业培训子系统，村民能学习最新的涉农政策、专业农技知识，还能与专家“大咖”远程互动交流。农户用手机App就能办政务、买农资、办贷款、学技能，手机真正成了农民的“新农具”。

在河北省分行“裕农通”乡村振兴综合服务平台App的基础上，建设银行总行开发了“裕农通”App标准版，并在全国推广。“裕农通”App在标准版的基础上开放端口，支持各地灵活开发并嵌入区域特色功能。如，“裕农通”App与辽宁政务便民服务“辽事通”平台融合，搭载120余项政务、金融、民生功能，为乡村农户提供全面服务，打造“两通融合”模式；再如，建设银行与安徽省农业农村厅合作，依托“裕农通”App 集成 5 个子系统，建设农业农村管理信息系统，助力政府提高农村公共服务能力，打造“省厅共建”模式。

44 万个线下服务点和线上 App 聚点成链

通过建设“村链”工程，建设银行将“裕农通”普惠金融服务点串联起来，连接村委会、乡村商超、退役军人服务站、供销合作社等各类主体，整合乡村数据资源、土地资源、治理资源等，形成全面服务乡村的链条式网络。在运营管理上，建设“村链”智能管理平台，运用大数据、物联网、地理定位等先进技术，实现对“裕农通”服务点场所的人、物、场、网的数字化感知，对“裕农通”服务点和 App 进行统一管理、运行维护和智能风控，成为“村链”的总部“大脑”。在服务功能上，聚焦乡村多元化需求，丰富民生服务场景，整合了金融服务、便民事务、乡村政务、电子商务等综合服务功能。

金融服务解决农村市场渠道触达难、产品布放难、金融可得性差等传统难题。依托“裕农通”服务点提供基础支付、反假币反洗钱宣传、金融知识普及等服务。在“裕农通”App 部署农户信贷产品，实现从测额到贷款支用全流程指尖办理。

便民事务通过与政府部门、专业机构合作，解决农村农民生活不便、信息不畅等问题，在“裕农通”服务点提供社保、水电、燃气、供暖、医疗等缴费服务。部分服务点还根据实际情况，提供法律、健康等知识普及，建设银行重庆市分行通过“裕农通+金融普法”建立了 8 300 个村口“法律援助站”。

乡村治理是国家现代治理体系的重要组成部分，村务、账务公开是百姓关心的切身利益问题，乡村政务线上化办理诉求强烈。建设银行“裕农通”与政府智慧政务系统打通连接，提供智慧村务、党团费收取等服务，助力基层政府开展就业咨询、公租房咨询、物业费收缴等事务。

辽宁省将杜绝基层“微腐败”、化解群众心结作为净化基层政治生态的一项重要工作，推进村务、党务、财务（“三务”）向百姓公开。建设银行应用在智慧政务平台方面的经验，助力当地纪委监委开发上线了“辽宁阳光三务”平台。把补贴发放、收益分配、工程建设等与村民利益息息相关的各类村务事项搬到了阳光下“晾晒”，做到“应公开、尽公开”。村民如果对公开内容有所质疑，可以在线反馈问题。平台上线后，村民因对“三务”存疑而引发的各种矛盾大幅减少，最大程度把矛盾化解在了基层。同时，平台成为当地纪委监委日常督查、监督执纪、线索获取的数字化治理新工具，利用大数据信息化可视化监督方式，打通监督壁垒，靶向、综合、源头治理基层“微腐败”。平台上线仅半年，辽宁省纪检监察机关信访举报总量同比下降30.8%。

电子商务在畅通消费品下行和农产品上行，助力农民致富增收方面发挥着重要作用。在线上，建设银行在“善融商务”平台布设“央企扶贫馆”“裕农优品”等专区，与美团优选、拼多多、京东等互联网企业联手，整合电商、物流资源，开展乡村消费扶贫；在线下，建设银行将“裕农通”服务点作为农村电商物流站点，打造产供销一体化的数字化农业生态场景。

在内蒙古自治区，建设银行与区金融办、阿荣旗党委政府联手，在阿荣旗148个行政村各选拔一名熟悉农村金融业务且综合协调能力较强的金融副村长，将其培养成活跃在田间地头的“金融行家”。将金融副村长聘为“裕农通”业主，金融副村长通过“裕农通”App就可以为老百姓足不出户地办理转账、充值、社保缴费等业务，还可以通过分享二维码帮助农户预约办理裕农通卡，也可以帮助农户测算贷款额度，推荐新型农业经营主体办理涉农普惠金融贷款。通过实施金融副村长计划，为地方政府培养了一批懂政策、懂金融、懂农民的生力军。

金融副村长不仅在传递国家政策、知识信息等方面发挥了积极作用，也在运营“裕农通”服务点、帮助农户贷款的过程中，充当农村金融服务的“引路人”，成为地方政府、金融机构和农村农民之间的桥梁纽带，形成了“金融副村长+裕农通”服务模式。

农业产业链数字金融生态

乡村振兴，产业兴旺是重点。习近平总书记在2022年12月召开的中央农村工作会议上强调，产业振兴是乡村振兴的重中之重，应依托农业农村特色资源，向一二三产业融合发展要效益，推动乡村产业全链条升级，增强市场竞争力和可持续发展能力。国家在涉农相关政策文件中多次强调，要完善农业全产业链开发模式，促进一二三产业融合发展，把产业链主体留在县城，让农民更多分享产业增值收益。党中央、国务院提出了要开展数字农业农村建设，开展农业农村大数据中心和重要农产品全产业链大数据建设，推动农业农村基础数据整合共享，为农业全产业链开发提供了坚实的信息科技基础保障。农业全产业链融合发展和数字农业发展将成为趋势，金融助力不可或缺。

建设银行结合地区资源禀赋，根据不同农业产业发展特点，围绕粮食安全和特色农业产业链条，探索“产业+数据+金融”融合模式，提供产业链专属产品、系统平台、服务模式等，从抓生产向抓链条转变、从抓产品向抓产业转变、从抓环节向抓体系转变，构建金融服务农业全产业链的生态场景。

“把饭碗捧在自己手上”的粮食种植全产业链金融生态

民为国基，谷为民命。粮食安全是我国国家安全的基石，关系到14亿人口的饭碗。我国粮食产量连续7年稳定在1.3万亿斤以上，粮食总量基础较好；但粮食产业链呈现“两端散、中间小”的格局，生产加工主体仍以小农为主，产业链各环节连接不够紧密，初加工过剩、精深加工不足。

黑龙江省作为国家粮食安全的“压舱石”、农业现代化的“排头兵”，连续多年粮食总产量、商品量、调出量均居全国首位，分别占全国的1/9、1/6、1/3。但面对农作物“一年一熟”的客观现实，农民种粮“缺钱”问题突出，是发展农业产业迫切要解决的难题。

破题的关键就是挖掘并激活沉淀的信用数据，为广大农户增信授信，精准注入金融“活水”。前提是要解决涉农数据信息分散、系统平台不统一、信息缺乏有效整合等问题。

曾任建设银行黑龙江省分行行长的樊庆刚，对当年为农户贷款的情境记忆犹新。“我出生在黑龙江省的农村，从小在农村长大。后来组织上安排我回来担任黑龙江省分行行长，30 多年过去了，农村的金融状况几乎没有改变。农民缺钱了只能去民间借贷，利率大多超过 20%。情况好一点的农户，能提供抵押担保的，即使能从银行贷到款，利率也超过 10%。农民的融资负担十分沉重，严重影响了农业生产和农民致富。

“2018 年，总行推出金融科技战略和普惠金融战略，我找到了省农业农村厅和我们一起做智慧乡村项目。一是做土地确权。农户家里的地很多，稍微多一点的有上百亩，要把土地确权，做数字化。土地确权以前做过，但数据都留在了县里的农业局，都是表格。后来我们把土地确权数据格式化、电子化，开发了系统，搭到省农业农村厅的农业大数据平台上，每年更新一次。平台建立起来以后，全省每个农户家里有多少地，我们就清楚了。二是我找了管财政补贴的财政厅，例如，2018 年一亩玉米补贴 25 元、水稻补贴 133 元、大豆补贴 320 元，我们就可以打标签，就能知道农户家有多少亩地、种的什么品种，这样就可以测算贷款额度了。

“农户贷款这方面的风险主要是过度授信，可能会有人把过度的授信去做民间借贷或其他的，所以精准测额很重要。在风控方面，我们使用农户的征信数据，加上公检法数据等，最后选了 19 组，用数据对客户进行风险画像。有了这些基础，就把‘裕农快贷’这个产品上线了。我们是第一家把纯信用农贷做到线上的银行，让手机成为农民的新农具。贷款利率也是普惠金融最低的利率，当时是 5. 6%，现在利率降到 3%~4%了。

“产品上线时，我们与省农垦局领导一起做了发布会。我们先从农垦开始做，再做到普通农户。当时来了30多个农户，直接在手机上申请额度。老百姓说，‘钱够用了。’‘建行有了裕农快贷后，我们省钱省时省心省事，贷款不求人。’那天所有老百姓都流泪了，农垦局领导也流泪了。我那天也很感动，这是我这辈子做的最有价值的事了。”

从2018年开始，建设银行与黑龙江省农业农村厅合作，以“农业大数据+金融”为核心模式，整合原本分散的土地确权数据、地力及种植者补贴等数据，对涉农经营主体进行立体画像，创新推出地押云贷、农信云贷、垦区快贷、农户抵押快贷、农户信用快贷等线上信贷产品，有效解决了农业生产环节的资金难题。

有了平台和资金，农民还存在“卖粮难”的困扰。针对这种情况，建设银行与黑龙江省农业农村厅、农投集团开展进一步合作，以“农业大数据中心+产业公共服务平台+金融科技”为核心模式，推动1.0版“智慧乡村”农村金融综合服务平台向2.0版“数字农业”产业服务平台迭代升级。建成土地资源管理、农业投入品监管溯源、“农品惠”投入品商城、涉农资金管理、农业生产托管服务、政策性保险服务、初级农产品交易、大宗粮食交易、“农品惠+裕农优品”销售、产业供应链供销服务平台（农业领域）等十大功能模块，贯通农业“种管收储运加销”关键环节，金融服务场景覆盖农业生产端、流通端和销售端全产业链（见图4-1）。

在生产端，围绕生产资料供给、生产过程管理及服务场景，实现土地流转、投入品监管溯源、在线购销订货、涉农资金监管、生产托管等服务。

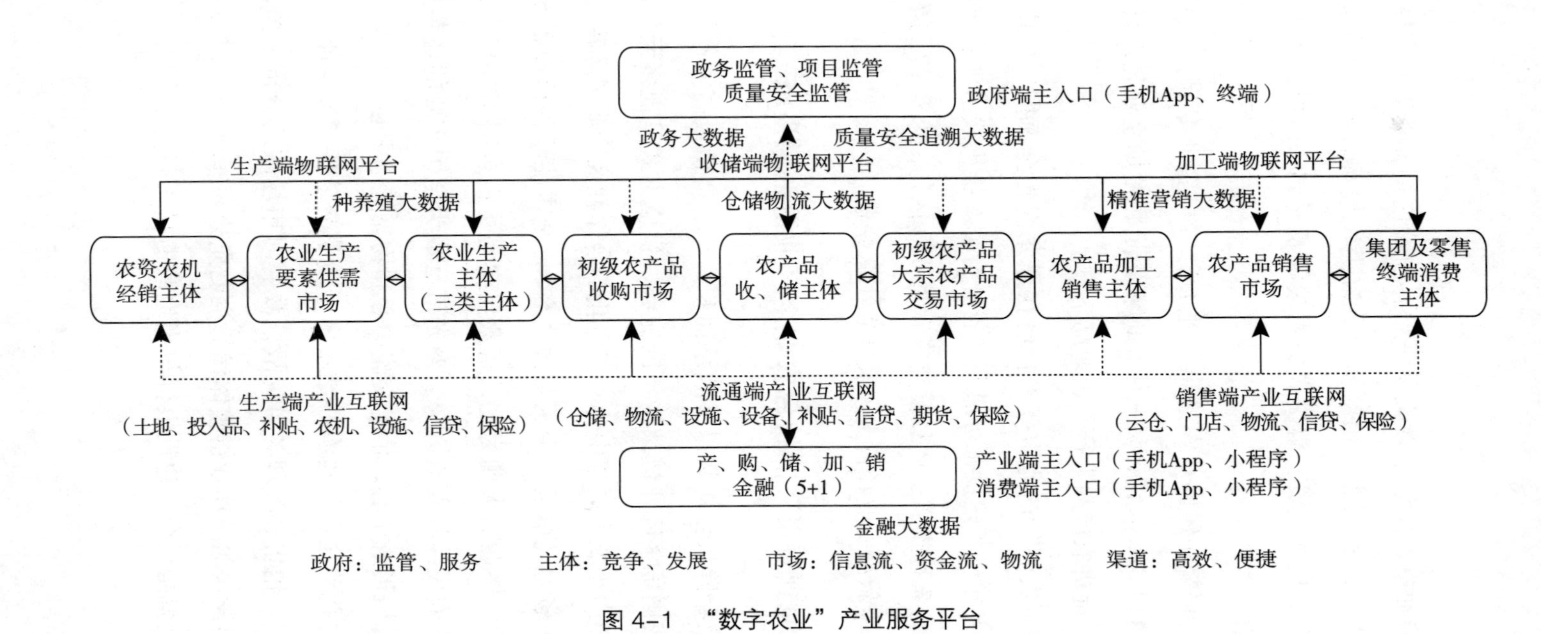

图 4-1 “数字农业”产业服务平台

在流通端，建设粮食交易平台，前端连接各类生产主体，帮助农民线上优选买家、预约卖粮，解决卖粮难、被压价等问题；为收储企业提供融资，解决农民卖粮款及时到账难题，助力粮食优产优销。

在销售端，建设“农品惠”平台，开辟企业专属商城定制、B2B 分销和 B2C 直销订货一体化的新渠道，帮助企业打造优质优价品牌，促进农产品上行、工业品下行。

“数字农业”产业服务平台已在黑龙江省全面推广应用。截至 2022 年年末，建设银行黑龙江省分行创新推出线上涉农贷款产品 18 个，累计投放生产经营类贷款近 600 亿元，惠及 47 万农户、7 000 余个新型农业经营主体及涉农小微企业。

“从基地到餐桌”的特色农业全产业链金融生态

蔬菜是除粮食作物以外栽培面积最广、产值最高的作物。近年来，我国蔬菜产业链结构不断完善，供应方式呈现多元化，生产者逐渐由小农户向集中化、工厂化的合作社及产业园区转变。

山东省寿光市是“中国蔬菜之乡”，全市蔬菜种植面积 60 万亩，主要以冬暖式大棚为主，蔬菜年交易量占全国 12% 以上，蔬菜收入占农民纯收入的 70%。寿光市已成为全国重要的蔬菜集散中心、价格形成中心、信息交流中心和物流配送中心。

但“蔬菜之乡”也有心结：由于蔬菜交易各环节未能有效串联，生产、销售、管理各自为战，政府对市场缺乏分析掌控，难以做出科学决策，产业链整体优势没能充分发挥。

痛点就是机会。建设银行与当地政府携手打造了“寿光蔬菜智慧管理服务平台”。平台建设采用“1+2+N”的总体框架：1个寿光蔬菜智慧管理服务平台；2个基础支撑服务系统，即大数据系统、物联网系统；部署N个服务应用，已上线智慧农场、蔬菜交易终端系统、蔬菜追溯展示系统等，实现农业静态数据和动态数据统一管理（见图4-2）。

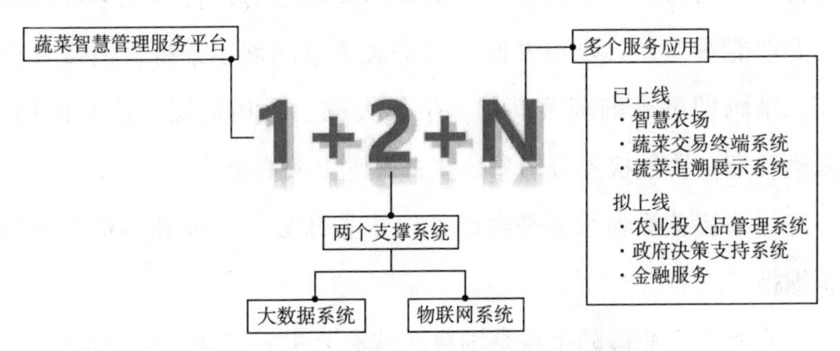

图4-2　寿光蔬菜智慧管理服务平台架构

针对蔬菜生产数据分散痛点，建设大数据系统。对接当地政府部门，接入人口、农企、农村、市场、大棚、农资六大数据库，整合蔬菜产业链上1 000余万条信息，对农企农民精准画像、蔬菜种植精准定位，勾勒出寿光农业地理资源“一张图”、蔬菜产业全景“一张表”。

聚焦蔬菜种植管理环节，建设物联网系统。建成远程监控、传感和控制系统，实时采集大棚土壤、湿度、温度、光照、二氧化碳等数据信息，将大棚信息数字化，即时监控蔬菜生长环境，实现蔬菜园区统一智能化管控。

疏通蔬菜产销链各环节难点、堵点，构建促进蔬菜产业循环的生态，为农企、农户、消费者等提供绿色化、智慧化、数字化和精细化服务应用。一是智慧农场应用，蔬菜大棚种植户将大棚内的放风机、补光灯、喷雾机连入手机终端，通过遥控就能指挥完成浇水、补光、通风等操作。二是蔬菜交易终端系统，在蔬菜交易中心上线“智慧秤”，实时采集蔬菜品种、数量价格、出货流向、回款状态等交易信息。有了交易终端电子记账本，菜农卖菜再也不用揣着本子到处跑，卖菜的交易信息，合作社老板和收货商都能看到，对账也方便。三是蔬菜追溯展示系统，消费者扫描二维码即可查询蔬菜品种、生长大棚、种植情况、药肥使用、采摘日期、质量检验等信息，让百姓吃上放心菜。

蔬菜智慧管理服务平台已在山东省莘县、兰陵县等蔬菜种植基地推广。

农业全产业链的重点是围绕区域农业主导产业，将农业生产、加工、储运、销售、品牌、体验、消费、服务等各个环节、各个主体连接成紧密关联、耦合配套、协同发展的有机整体。金融的作用就是化解农业全产业链中的堵点，润滑、激活、放大产业链中核心环节动能，带动整个链条高效运转。

“从一棵草到一杯奶”的养殖业全产业链金融生态

奶业是典型的消费拉动型产业，呈现市场驱动加工业、加工业带动养殖业、养殖业促进种植业的产业生态。内蒙古自治区地处“黄金奶源带”，是全国最大的奶业生产区，牛奶产量占全国的 18. 3%。2021 年全区注册备案的规模养殖场达 1 153 个，奶牛存栏 143 万头，牛奶产量 673 万吨，年加工转化牛奶能力达到 1 000 万吨。奶业是内蒙古自治区乡村振兴推进的标杆产业，但在大规模发展的同时，产业链各环节存在发展程度不均衡的问题。养殖端发展滞后，呈现“小、散、低”的特点，是整个产业链最薄弱的环节；生产加工端企业规模较大、工艺成熟。

奶牛养殖端的主要痛点：一是养殖主体缺乏合格的抵质押品，融资难长期存在；二是牧场智能化管理水平低。针对融资难问题，建设银行创新“奶牛活体抵押”贷款产品，着重解决生物活体押品监控难题，开发了畜牧活体抵押贷后监控系统，能及时发现异常情况并进行处理，实现了从“生物活体”到“数字活体”的价值转化。在落实奶牛活体抵押登记后，建设银行为内蒙古阿荣旗恒源农牧业科技有限公司发放了 3 700 万元贷款，这也是内蒙古首笔奶牛抵押贷款。

顺着养殖端往里走，奶牛养殖大棚设施具有很高的市场价值，但没有不动产权证，缺乏配套法律和实施政策，难以落实抵押登记。建设银行与当地政府协同探索奶牛养殖设施押品创新试点，由阿荣旗政府制定农业设施抵押登记政策制度，并为阿荣旗奶牛养殖企业颁发“农业设施所有权登记证”，给奶牛养殖设施发放“身份证”。以此为基础，建设银行创新了奶牛养殖设施抵押贷款产品（见图 4-3）。

为提升奶牛养殖企业智能化管理水平，建设银行开发“数字牛”综合服务平台，围绕数据获取、数据整合、数据应用、数据展示这一主线，为政府、牧场、银行提供实时动态监测分析管理工具。通过“数字牛”综合服务平台，奶牛养殖企业端可以实现可视化管理、精准化监测及科学化养殖，政府端可以提升行业管理数字化水平。另外，平台还嵌入了便捷金融功能，实现动产在

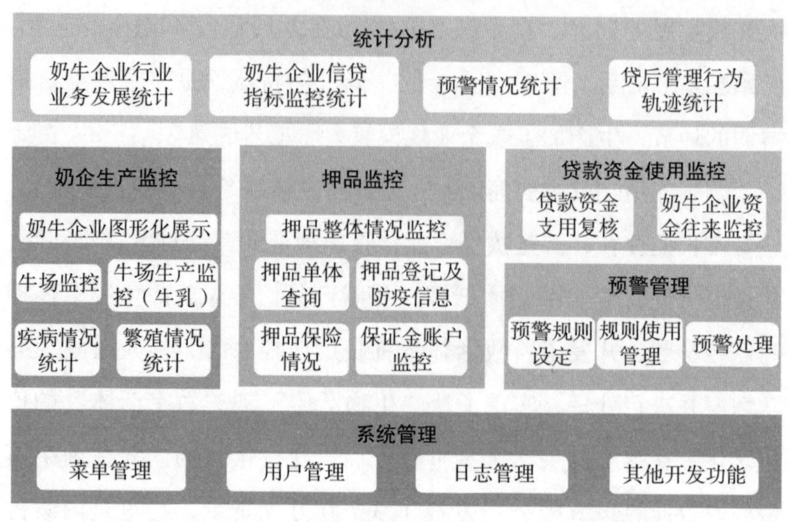

图 4-3　建设银行畜牧活体抵押贷后监控系统功能

线抵押解押、风险预警、客户信贷数据关联、奶牛押品和牧场企业贷后管理等。

在牧草种植环节，通过土地流转，解决零散土地的整合问题。建设银行与内蒙古自治区农牧厅合作，开发“数字土地”综合服务平台，直连全区 87 个旗县区土地经营权确权数据。个人农牧户、新型农牧业经营主体，通过“裕农通” App 即可实现土地抵押、贷款申请、审批支用全流程线上操作。

在生产加工销售环节，建设银行为伊利集团等大型企业提供综合金融解决方案。同时，通过发行乡村振兴债券，创新系列信贷产品等，助力奶业加工企业做大做强。

“产业链+平台+数字+金融”服务农业全产业链，其本质是一种整合资源的组织形式，更高阶的形态是通过撮合“政府、企业、农户、银行”四方，协同实现农业产业共融共赢的生态。按照这套理念和方法，建设银行在多地推广复制，因地制宜创新应用，赋能龙头企业转型升级、助力区域优势特色产业发展。

在云南，建设银行建设普洱茶交易市场平台，实现普洱茶原料“质量监管+供求信息撮合+茶产业链金融服务”的有效整合，支持“千亿云茶”产业战略，打造“半千普洱”样板。在广西，立足林、果、蔬、畜、糖、特色资源，打造“数字茉莉”（茉莉花产业）、“甜蜜通达”（糖业）、“优市多”（农村交易市场）等三方互联平台。在江西，与赣州市政府联合推出“橙心橙意”综合服务平台，将20多万户橙农的种植数据线上化，建设农业数据库，通过区块链技术实现脐橙产品全流程可追溯。在湖北，深入小龙虾产业链，实现“有龙虾物流数据就能贷款”。

通过不断复制拓维，数字化的全产业链金融服务模式从“样板”变“盆景”，从“盆景”变“森林”，形成了建设银行服务乡村产业振兴的新范式。

“裕农+”多元化服务

习近平总书记在宁德工作期间，提出“靠山吃山唱山歌，靠海吃海念海经”。金融支持农业发展，不能只盯着传统农业种植，而是要根据不同地区的资源禀赋、基础设施条件和经济发展状况，提供多元化金融服务，满足农业融资、生产、管理、销售、信息共享等全方位需求。

围绕农业产业发展、美丽乡村建设、农民致富增收等，建设银行推出“裕农快贷”“裕农托管”“裕农市场”“裕农优品”

“裕农朋友圈”等一系列特色服务。

裕农快贷：让农户容易贷、便宜贷

长春市双阳区鹿乡镇方家村农户老卢养鹿已有10余年，在当地小有名气。随着梅花鹿养殖业发展持续向好，老卢有了扩大经营规模的想法，资金紧张却是摆在他面前的难题。“市场不等人，机会更不等人。这个‘兴农贷’不用抵押就可以办理，我抱着试一试的心态，提交了申请。”老卢说。建设银行工作人员通过现场实地调查和系统测算，为他发放了20万元贷款，及时解决了他的资金难题。

老卢申请的“裕农快贷—兴农贷”是建设银行通过细分农业生产对象及特色产业集群，建档立卡，建立农户准入评价及授信模型，为符合条件的借款人办理的个人流动资金贷款业务。该产品为信用贷款，无须抵押，借款人通过建设银行手机银行、个人网银、智慧柜员机、“裕农通”App等渠道均可申请办理。

农业农民融资难、融资贵、融资慢是乡村金融的一大痛点。农民不缺信用，缺的是信用“档案”和发现信用的机制。

“裕农快贷”的信用模式是基于大数据的纯信用贷款。通过引入信息建档、农业补贴、农业保险、农业土地确权、冷藏保鲜设施等多维数据，对农户进行大数据评价和自动授信，为满足条件的农户办理无抵押、无担保的信用贷款。当基础额度不能满足资金需求时，通过补充提供家庭年收入、经营项目收入等信息，还能提高信用额度。

“裕农快贷”的抵押模式则以土地承包经营权为农户增信。

随着农村土地承包经营权确权登记完成，土地管理与交易流转的系统化、规范化程度提高，土地“资产变资源”具备了技术上的可能。建设银行通过连接农村土地经营权流转系统，对土地确权和流转数据进行交互印证，精准采集农村土地经营权流转及抵押信息，实现抵押、解押的线上办理，激活了农村土地金融功能。

“裕农快贷”的底层支撑是信用档案和信用评分模型。一方面与农业农村部新型农业经营主体信息直报系统（简称“新农直报”）平台、全国农业保险信息管理平台、地方涉农管理平台、农业产业链平台等打通系统直连，引入官方权威数据、区域特色化数据，采集农民收入、土地流转、农业生产补贴、农业订单等关键信息；另一方面加大对金融数据的应用，充分挖掘“裕农通”服务点交易数据、乡村振兴卡持卡人等客群数据。此外，应用信息建档模型进行标准化、批量化的综合数据采集。

2022年，“裕农快贷”卫星遥感应用在河北省试运营，通过卫星遥感数据监控农户种植情况及作物生长情况，结合气象、灾情等信息，对地块种植作物风险进行综合评估，为贷前评估及贷后管理提供了全新的数据视角。

“真农民、真农业”的底层逻辑，让银行以最小化风险，实现了信贷资金的精准滴灌。“裕农快贷”秉承新金融开放属性，因地制宜融合创新，已形成包括烟农贷、棉易贷、脐橙贷、蜜农贷、小龙虾贷、农机云贷等在内的一系列具有鲜明地域特色的产品包，带动农户融资成本回归合理水平，实现了容易贷款、便宜贷款。

裕农托管：连接“小农户”与“大农业”

“大国小农”是我国的基本国情农情，在传统农业向现代化农业转型过程中，发展规模农业是必经之路，既不能忽视小农户，更要将小农户引入现代农业发展的轨道。农业生产托管就是以社会化服务组织连接小农户，实现农业生产规模化、机械化、集约化的一种有效方式。

农业生产托管是农户等经营主体在不流转土地经营权的条件下，将农业生产中的耕、种、防、收等全部或部分作业环节委托给农业生产性服务组织完成的农业经营方式。据测算，我国农业托管的总市场容量有望超过 2 万亿元，但统计数据显示，2019 年全国托管服务带动小农户仅占全国农业经营户的 30%。发展速度相对缓慢，究其原因：一方面，大多数托管服务组织规模不大，缺乏运营资金，技术水平不高；另一方面，资金监管缺少有效的平台和手段，农户、托管服务组织、银行、政府等主体之间信息不对称，农户之间信任不足，托管意愿不高，托管服务无法大面积铺开。

2020 年，建设银行与黑龙江省农业农村厅共同开发了“农业生产托管服务系统”，推出“生产托管+农村金融+农业保险+初级农产品收储”的“兰西模式”，解决了受托方和托管方的痛点（见图 4-4）。

通过生产托管功能解决“谁种地”问题。生产托管服务平台提供托管主体信息录入查询、线上快捷签约托管协议、手机 App 订单支付、农户人脸识别身份验证等服务功能。全方位展示托管

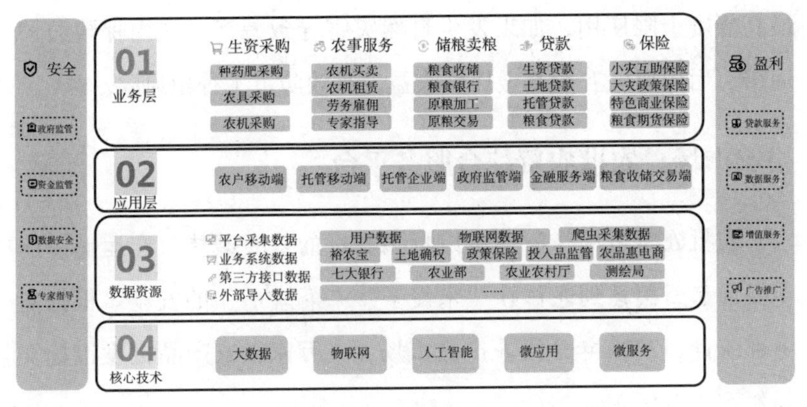

图 4–4　“农业生产托管服务系统”框架

服务组织的基本情况、服务面积、服务标准、服务价格等信息，农户可自主选择托管服务组织，支持 24 小时在线签约、支付托管费、验收评价等。

通过农村金融功能解决“谁出资”问题。在取得用户授权后，通过调取农业、政务、金融数据，创新推出随借随还、按日计息的多品类线上融资产品。如，针对农户的“托管贷”产品，农户与托管服务组织签订合同后，可向建设银行申请生产托管贷款，系统自动审核土地托管面积、地块位置、签订的托管协议等信息，定向支付生产托管服务费。

通过与政府部门连接解决“谁监管”问题。托管服务组织在建设银行开立资金监管账户，经政府监管部门授权后方可使用账户资金，满足了政府对托管资金使用的监管需求，保障了农户权益和银行信贷资金安全，解决了互信问题。

借力农业保险解决“谁兜底”问题。托管服务组织通过“互助基金+政策性大灾保险”农业保障体系，实行内部基金互保和最高额度上限使用，如果发生自然灾害导致减产，先由保险公司理赔，后由风险互助基金保障收益，有效防范了种植风险。

裕农市场：农批农贸综合服务平台

农批农贸市场作为连接田野到餐桌的重要载体、产运储销的重要环节，关系到老百姓“米袋子”“菜篮子”的安全。根据商务部统计，2020 年全国农产品市场 4.4 万家，农产品批发市场交易额 5.4 万亿元。

近年来，国家对于规范农批农贸市场经营行为、提升市场管理水平、提高农产品流通效率提出了更高要求。然而，许多农贸市场在管理上依然比较粗放低效，商户各自为战，交易数据割裂。建设银行针对农批市场和农贸市场，进行统筹设计、谋划，制定整体服务方案，打造具有特色的“裕农市场”金融服务模式。

搭建“裕农市场”综合服务平台，促进数字化规范管理。平台基于串联产运储销全链条上的物流、资金流、信息流的思路，集成农批农贸市场平台领域的主流功能，如市场管理、摊位服务、买方服务、运营管理、金融服务、数据展示等。同时，保持平台功能开放，针对不同市场的个性化需求开发特色化功能，全面提升农批农贸市场数字化管理水平。

北京市顺鑫石门国际农产品批发市场是北京市东北部地区最大的农产品批发市场，建设银行研发“裕农市场”综合服务平台，帮助市场实现安全生产管理、农产品溯源与流向跟踪、购销对接与分账结算、车辆进出登记等功能，解决了农批市场线下管理工作量大且流程烦琐的难题，提升了市场运营标准化、交易透明化、监管数据化、流通可溯化水平。

农批农贸市场内有大量的农贸商户，具有单笔交易金额较大、日常结算资金笔数较多、现金周转快速频繁等特征，而且普遍存在短期且高频的融资借款需求。建设银行在“裕农快贷”模型的基础上，创新“裕农快贷—农商贷”产品，引入银联交易数据，制定“农商客群”准入及授信模型规则。

湖北省仙桃市张沟镇先锋村是全国“网箱养鳝”第一村，拥有华中地区最大鳝鱼交易市场，有2 000多家养殖户。自2006年市场成立以来，一直采用原始手工记账方式，鳝农、鳝商在养殖、交易过程中存在周期性资金需求。建设银行与市场管理方联合打造“仙桃黄鳝市场智慧交易系统”，依托电子秤直连交易平台、线上收付款、数据统计三大主要功能，实现交易数据实时汇总，交易资金实时支付。根据市场线上交易数据、养殖规模等信息，通过“裕农信用快贷”为鳝鱼养殖农户、合作社等提供贷款支持；依托“裕农产业链快贷”满足鳝农、鳝商用款需求。

裕农优品：农产品“带货”新模式

传统农产品消费主要在线下进行，消费者通过菜市场、超市等场所购买。由于农产品的供应方和销售方一般规模体量较小，供应链中间层级较多，导致市面上的农产品一方面成本升高，另一方面品质参差不齐。建设银行围绕农特产品进城、农村消费升级，创新“裕农优品”乡村电商服务。深入农业产业链，发挥“善融商务”“裕农通”服务点以及银行网点等多平台、多渠道优势，助力优质农产品出村、出山、进城，拓展农产品上行通道。

北京市大兴区素有“中国西瓜之乡”的美誉。建设银行与大兴区农业农村局、庞各庄镇政府联手，将连续多年在西瓜节夺冠的瓜果专业合作社老宋瓜王“搬”上“善融商务”平台，推动线上销售，助力农户增收。商户高兴地说：“没想到银行还能帮我们卖西瓜，订单量远超预期，效果非常好!”

“裕农通”服务点是商品物流的末端网络，建设银行将“裕农通”服务点叠加电商场景，推出“优品驿站”，为农村客户提供包裹代收服务；打造“裕农小店”“业主拼团”，发动“裕农通”业主利用其私域流量组织开展下乡工业品、消费品团购活动，促进农村消费升级。

裕农朋友圈：打造乡村社交新生态

建设银行与重庆日报报业（集团）合作，整合党报的政治资源、银行的金融资源、乡村的治理资源及各类社会资源，依托“上游新闻”手机 App，打造国内首个农民线上社交综合服务平台——“裕农朋友圈”，让更多的农民分享政策、农经知识和办理金融业务。“裕农朋友圈”设立“裕农资讯”“小康故事”“田园牧歌”“农民夜话”“便捷乡村”“金融服务”“乡村帮帮团”等板块，提供多种金融、非金融服务，金融服务乡村振兴生态初见雏形。截至 2022 年年末，平台浏览量超 12 亿人次，日均 271 万人次以上；通过出海、跳转等方式，累计办理查询、金融业务和民生服务 150 多万次。

第五章

房子是用来住的

房产对于绝大多数人的生活来说，是那么的重要，以至于人们很难平心静气地谈论这个话题。“家”这个裹挟着浓烈情感的词汇，早已超出了它物理的、经济的含义。

——托马斯·索维尔，《房地产的繁荣与萧条》

“要住房，找建行”

1984年国务院出台《关于改革建筑业和基本建设管理体制若干问题的暂行规定》（国发〔1984〕123号），明确“建立城市综合开发公司，对城市土地、房屋实行综合开发，有偿转让出售”“改革建设资金的管理办法，改财政拨款为银行贷款”“建设周转资金由建设银行贷款，企事业单位集资等多种渠道解决”。站在历史角度，这实际上标志着中国住房制度改革正式启动。

当时建设银行具有财政和银行双重属性，早在1980年就开始行动了。在福建省，漳州市中心支行率先开办了用于开发建设的商品住宅贷款。之后在上海、山东等地开展与住房建设存款相结合的“存一贷一”的贷款业务。建设银行的首次金融服务试点为住房制度改革提供了样板。

1984年，在上述规定出台后，建设银行迅速发布了《关于城市土地开发和商品房贷款问题的通知》，明确为各地综合开发公司、房屋建设开发公司、住宅公司以及从事城市房地产综合开发的经营单位贷款，即在国内首创用于房地产行业的专项贷款——土地开发和商品房贷款。截至1984年年底，累计发放该贷款17.6亿元。这可以被称为正式拉开了银行业房地产开发贷款的序幕。

1985 年 4 月，建设银行在深圳试点发放了首笔个人住房贷款。

1986 年 8 月，国务院成立住房制度改革领导小组，建设银行当时的领导者参加了领导小组办公室工作，直接参与房改政策的制定以及试点方案，特别是有关金融配套服务措施的研究。

1987 年，建设银行以参股方式在烟台市和蚌埠市成立了住房储蓄银行，率先开展住房储蓄存、贷款业务。当年年底，建设银行住宅储蓄存款余额 3.67 亿元，发放个人购房贷款 1 亿元。打出"要住房，储蓄到建行"的口号。

1988 年 1 月，国务院召开第一次全国住房制度改革工作会议；4 月建设银行在郑州召开会议，确定了"积极承办房改金融业务"的战略方针；同年，建设银行成立房地产部。

1990 年 9 月，建设银行在辽宁省本溪市召开房改金融工作会议，明确各地区积极承办房改金融业务，努力吸收更多的房改资金。之后，建设银行在住房制度改革中品牌形象日益突出。

1991 年，国务院出台《关于继续积极稳妥地进行城镇住房制度改革的通知》（国发〔1991〕30 号）以及《关于全面推进城镇住房制度改革的意见》（国办发〔1991〕73 号），要求采取分步提租、出售公房、新房新制度、集资合建、发展住房金融等，鼓励多种形式推进房改。

1992 年，建设银行研发住房公积金业务体系，发放了第一笔住房公积金个人贷款，成为国内首家、独家开办住房公积金业务的银行。10 月 5 日（第七个世界住房日）建设银行在北京召开住房贷款办法新闻发布会，时任行长周道炯宣布将在全国开办单位和个人购房和建房贷款业务。从此"要住房，找建行"的口号广为流传，建设银行与房地产金融紧紧连接在一起。

自2010年开始，建设银行住房贷款余额已经突破万亿元，2017年当年超过4万亿元，2022年年末个人住房贷款余额6.48万亿元。

从1998年到2021年的23年间，由于建立了以银行信贷为主、多种融资方式在内的房地产金融体系，我国住房改革取得了令人瞩目的成就。个人住房贷款余额从1998年的0.07万亿元提高至2021年的38.32万亿元，增长了546倍。与此同时，住房状况发生了翻天覆地的变化，实现了从无到有、从有到优。2021年，我国城镇和农村人均住房面积分别为41平方米和50.2平方米，高于一些发达国家。住房选择性更多，高档住宅、复式楼、公寓、廉租房等多种类型的房子如雨后春笋般出现。

房地产开发贷款余额则从2004年的0.78万亿元上升至2021年的12.01万亿元，增长了14.4倍。新增房地产贷款占新增人民币贷款的比重从2010年的25.4%升至2017年的41.5%。房地产金融发展不仅可以用“高速”来形容，实际上已成长为银行的业务支柱。同时房地产业的兴旺带动了土地、建筑、家电、钢铁、水泥等多链条、多部门、多个行业，拉动了国民经济增长。

在中国的经济房地产化过程中，这种市场热潮带动一部分人实现了先富裕起来的梦想。住房贷款投资成功的故事在中国的城市里每天都上演着。

的确，随着房屋价格的上升，人们的资产开始升值。

房地产金融化

在中国人为了解决住房问题，努力推动金融信贷改革的时候，西方发达国家的房地产金融化已经走了很远。

回到20世纪30年代，美国大萧条时期的至暗时刻，每天有很多家庭失去住房。为了应对这种危局，富兰克林·罗斯福创建了住房融资系统。1934年，美国联邦住房管理局成立，专为房屋贷款提供保险。1938年，美国联邦国民抵押贷款协会（房利美）大量购买了美国政府承保的抵押贷款，为借贷行业注入了更多资本。这一住房融资体系让美国家庭在二三十年间用每月负担得起的还款，就能享受坐拥房产的荣耀。1940年，美国有1 500万个家庭拥有自己的住房，到了1960年这个数字飙升到3 300万。“中产阶级”这个词是美国首创的，代表了一个由白色木栅栏、现代化厨房和草坪所构建的美国梦。

由于越南战争期间，美国政府面临赤字，1968年林登·约翰逊将房利美拆分，以清除账面债务。新的房利美与其同类机构美国联邦住房贷款抵押公司（房地美）成为半公半私的公司，可以购买不经过美国政府承保的抵押贷款（只要这些贷款达到一定标准，如30年固定利率的抵押贷款，并有放款人承保借款人会归还贷款）。几百份这样的抵押贷款合并成债券（这个过程就被称为证券化），抵押贷款的月供形成了现金流，每位投资债券者都可以获得一定的份额。贷款抵押公司会收取一定费用，从而为投资者提供担保。投资者相信公司不会失信，因而愿意购买这些债券。投资者购买债券的现金为抵押贷款融资提供了更多的资金，这样就能为更多的人提供贷款买房。

1980 年，抵押贷款市场上的热钱有 1.5 万亿美元，远高于股票市场的资金存量。华尔街投行认为这是世界上最大的市场，他们需要一些创造力，以及政府监管的放松。

后来一种新的产品出现，即抵押担保债券——房地产泡沫的基础证券化结构。这个产品的最初创造者所罗门兄弟公司的债券交易员刘易斯·拉涅利（Lewis Ranieri）和其同伴认为，他们是为了给抵押贷款提供更多资金，能让更多美国人居者有其屋，过上更好的生活。但是他们的成功并没有带来期待的结果，而且新一代华尔街投行找到了打破监管的办法，发明了随意组合分割的抵押贷款产品。金融机构将风险较高的次级抵押贷款[①]包装为标准化的债务工具（如 CDO[②] 等），以私募或公开方式，向市场不特定多数投资者销售，实现风险的转移。通过包转、分池、通道和评级公司不负责任的风险评级，这些原本高风险的金融工具，摇身一变，成为高评级的优质资产，被不知情的投资者大量购买。[③]

由于金融产品的推动，大量资金涌进房地产行业。在 2000—2007 年的一轮上涨周期中，美国住房抵押贷款规模上涨了 134%。

不仅在美国，全球房地产业一枝独秀，抵押信贷持续繁荣。发达经济体的银行业务发生重大变化。“在 1928 年至 1970 年，大

---

① 向信用等级较差和收入较低的借款人提供的住房按揭贷款。

② 担保债务凭证（Collateralized Debt Obligation）的简称，标的资产通常是信贷资产或债券。

③ 戴维·戴恩．房奴［M］．叶硕，译．上海：上海译文出版社，2019.

多数银行的核心业务是向企业发放非抵押贷款。但到了 2007 年，许多国家的银行业务转型为房地产贷款，过去标准教科书中描述的金融部门职能通常是在家庭部门储蓄与企业部门生产性投资之间提供中介服务，然而，这类传统业务在当今银行业务中的份额微不足道。”① 截至 2010 年，发达经济体房地产财富约占国民财富一半以上，其中英国 57.4%、法国 61.3%、德国 55.8%、美国 42.2%、加拿大 51.4%。

50 年间，美国房价缓慢增长。但是随着金融化的过度，到了 2002—2007 年几乎呈线性增长，这一期间房价上涨了 90%；有的地方预测年增长率达到了 25%。房产价格上涨，促进了经济发展，从而又进一步提高了房地产行业的利润率。但是由于没有监管机构警告，直到 2007 年借款人无力偿还贷款的情形大规模出现，投资机构感到紧张，抵押贷款证券被抛售，一些放贷机构率先申请破产保护，引起市场对其他次贷持有机构破产的忧虑，风险开始快速传染并出现大型金融机构破产。因房价上升而繁荣发展的整个系统，在房价下跌时崩溃了。担保和其他信用衍生工具的失败就像多米诺骨牌一样传导到华尔街的投资体系，导致灾难性的金融危机。

伴随着这场危机的是人们对于过度金融化造成贫富两极分化而焦虑。2011 年 9 月发生在美国的“占领华尔街”运动，被视为 99%对 1%的抗争宣称：“我们举行这场运动是因为当前体制下，

---

① 托马斯·皮凯蒂. 21 世纪资本论［M］. 巴曙松，等，译. 北京：中信出版社，2014.

私利抹杀公平，压迫代替了平等，财团榨取民众的利益，又控制政府……"，其第一条理由便是"他们没有走原本的按揭过程，却通过违法的房屋赎回程序夺走了我们的房屋"。[①]

次贷危机不仅造成了金融机构破产，同时还有大量的房屋持有人失去了贷款购买的房屋。2008 年开始的经济"大萧条"到了 2010 年，依然有 2 500 万美国人处于失业和半失业状态。如果仔细研究"占领华尔街"运动的各项主张，也不难看出反全球化的端倪。

其实不只是西方发达国家由于房地产过度金融化造成危机，再来看更早发生在亚洲的金融危机。一个美国人从宏观经济与房地产市场的互相影响出发对东南亚和南亚房地产市场活动所做的分析看起来很有趣。[②] 20 年前的东南亚经济，要保持较高的增长速度是共同的愿望，从国家层面上讲，都走上了"出口替代"的战略道路，以促进经济发展。在微观层面上，外向型企业随着发展加速，企业扩张，必然建设厂房和设备、办事处、零售场所等，这些都会引起房地产价格上升；过去亚洲的房地产价格并不活跃（外国人不能购房），但是出口导向型的经济发展模式，使得本地区与外界市场连接起来。贸易自由化和经济一体化促使亚洲参与国际竞争中，房地产市场也是其中一部分；企业在投资新的产业或扩展现有产业时都需要资金，那么借贷者就会通过高估（房

---

① 莎拉·范·吉尔德．占领华尔街［M］．朱潮丽，译．北京：中国商业出版社，2012.

② 约翰·M. 奎戈里．房地产市场、泡沫与亚洲金融危机研究［J］．管理观察，2009.

屋）资产价值获取更大的抵押贷款，实现更高的杠杆效应。在1990—1999年发生的几件事不容忽视：第一，房地产供给大幅增加，吉隆坡在1993—1998年，房地产供给增加了5倍；第二，空置率上升，1999年达到以前的3倍；第三，银行贷款增长率大大高于国民生产总值增长率，1990—1996年东南亚国家的贷款增长率在40%~70%不等；第四，房地产行业规模占到新兴经济的50%（泰国），房地产贷款占到银行贷款的15%~55%，中国香港的房地产贷款占国民生产总值的3/4还多，国民经济对房地产高度依赖；第五，不良贷款的主要部分是房地产。

当然，对外负债过多是导致金融危机的根本原因，但是当国家靠借外债维系国际收支的平衡时，企业加强了利用信贷杠杆和根据账面资产价值借贷的动机。大量资金流入房地产，直接推高了房地产价格，从而导致房地产泡沫，又引发货币危机，这个对1997年亚洲金融危机的原因分析也是很容易让人接受的。最典型的事件是泰国的塞姆瑞森地产公司错过了归还国外贷款的预定期限——1997年2月5日。从这家地产公司无法归还国外贷款开始（相当于多米诺骨牌倒下的第一张），3个月后泰铢受到冲击，1997年8月泰铢的贬值标志着亚洲金融危机的开始。

我国房地产的快速发展实际上发生在亚洲金融危机之后。我国政府面对房价的上升，始终保持着警醒。从2005年3月《国务院办公厅关于切实稳定住房价格的通知》（国办发明电〔2005〕8号）开始，伴随着住房改革和房地产业成为国民经济的支柱产业，长达10多年的历次“调控”一直在进行着。

2008年金融危机爆发后，为稳定国内经济增长，同年12月，

《国务院办公厅关于促进房地产市场健康发展的若干意见》（国办发〔2008〕131号）发布，政策开始转向刺激房地产消费。之后，部分城市房地产经济过热。2009年12月国务院常务会议明确要求继续综合运用土地、金融、税收等手段遏制房价过快上涨，标志着房地产从刺激转向控制。

2014年我国经济进入新常态，在“稳增长”和“去库存”的政策引导下，出台了四轮刺激政策，主要是放松限购限贷，加强信贷支持和税收减免，房地产市场出现区域分化的特点。

政府使用了一切可用的手段，综合运用土地、金融、税收、限购等各种手段，这一场政府与市场的博弈，没有成功与失败，只是经验积累和迭代向前。

有专业人士认为，长期以来政府针对房价的调控政策并没有改变上涨的趋势，原因是并未有效地区分消费市场和投资市场而分而治之，要用一个政策达到“控制价格泡沫”和“解决住有所居”两个目标。①

我国房地产的高速发展造成了其金融属性极强的特点，原因是，一方面房地产开发需要大量资金，基本依靠贷款来实现；另一方面房地产与土地密切关联，成为信用担保的唯一形式，企业有了开发更多房地产的动机，获得更多贷款，实现企业规模的扩张。在整个社会信用体系还不完善的环境下，房地产逐步加大了作为金融资产的作用，弱化了使用功能，不可避免地成为投资首选。

---

① 西南证券房地产行业研究报告《泡沫后周期时代的投资框架》。

必须看到在20多年的住房商品化过程中，房地产行业的迅猛发展，为我国经济发展发挥了重大推动作用，为工业现代化和城镇化奠定了基础。所以控制房价的博弈，其实是整个社会在理性判断和现实为难之举之间的摇摆，一面是关注社会长期均衡发展，一面是不得不顾及当下息息相关的利益结构问题。

地方政府显然是房价上涨的受益者，一方面通过土地拍卖将房地产的未来收益贴现到现在，可以获得大量资金快速用于公共设施建设和公共服务支出；另一方面房地产的发展又推动产业发展，并带来持续的税收。2017年土地拍卖收入平均占地方财政收入的54%，可见地方财政对于房地产的依赖。

与中央政府调控的百般努力相左的还有全社会的投资偏好，从2010年或者更早，投资的热情开始集中到了房地产，实体经济让位于房地产。

在这场博弈中，银行和房地产企业不得不互为伙伴，因为彼此利益相互依存。一段时间以来，商业银行已经逐步养成对于房地产信贷的依赖，没有土地质押的其他实体经济都排在了后面。最能说明问题的，就是房地产企业的负债率，它们都处于银行贷款额排名的前列。由于对房价上升趋势的市场预判，为了控制局面，2010年后，人民银行出台限购限贷政策。但是为了规避政策限制，有些银行改为使用“投资业务”“理财产品”等手段，以满足地方融资平台和房地产企业的大量资金需求。贷款资产转移到信托和投资公司，出现了“影子银行”现象。

除了房地产企业，对于个人来说也是同样的逻辑。房地产是居民的重要资产，居民又通过房地产融资构成对银行的负债。有房就可以贷款，贷款可以继续买房。大量贷款以房地产为抵押品投放，房地产价格上升，意味着抵押品价格上升，这又会带来更多的贷款。消费者不仅考虑房产的使用价值和消费价值，更多地还要考虑未来房价的增值，房产投资更像一个期权产品。对价格上升的预判，使得投资房地产的人趋之若鹜，大量资金进入房地产，甚至囤积房屋，推动房价的进一步上涨。相当多的房屋反而没有参与真正的消费和生产活动中，房屋的投资属性远远高于其使用功能，房屋变成了与黄金和股票等一样的投资产品，真正形成了房地产金融化。

2010 年前后，中国的财富排行榜前几名开始以房地产商居多。但是社会大众并不知道的是其对应资产的负债端情况。只有当其现金流发生了问题，大家才恍然大悟，原来这些资产的大部分是银行贷款和有担保的投资构成。看到这个问题，就看到了房地产金融的高杠杆率。

根据人民银行《2019 年中国城镇居民家庭资产负债情况调查》，我国城镇居民家庭资产以实物资产为主，住房占比近七成，住房拥有率达到 96.0%。城镇居民家庭负债参与率为 56.5%，负债结构相对单一，房贷是主要构成，占家庭总负债的 75.9%；来源相对单一，以银行贷款为主。一旦超出家庭可承受的范围，房价对于不同收入水平家庭的非对称性财富效应将显现，房价泡沫将引发高杠杆率居民资产负债表快速恶化，社会整体消费水平也将急剧萎缩，并引发一系列社会问题。

值得注意的数字是次贷危机前的 2007 年，“美国家庭总体财富为 73 万亿美元，其中一半是靠过去 10 年的资产升值累积起来的。在财富结构上，房地产资产占家庭总资产的11%左右，剩下的主要在股权类资产上”。[①] 这个数字大大低于今天中国家庭的房地产资产比重。

根据国家资产负债表研究中心数据，2020年年末我国居民杠杆率为62.2%，虽然整体处于可控水平，但较2010年年末高出34.9个百分点，明显高于美国次贷危机前10年居民杠杆率增幅。

2021年年底，全口径房地产贷款突破52万亿元，占金融机构各项贷款的27%，占GDP的45.6%。房地产与金融业深度关联，金融风险集聚，高地价、高房价问题日益突出，行业内没有人否认，房地产已成为现阶段我国金融风险方面最大的“灰犀牛”。

2022年以来，经济转型期叠加新冠肺炎疫情影响，房企出现流动性困境，房企“爆雷”事件不断发生，多家大中型房企出现债务清偿危机和经营危机，部分地区由于楼盘项目迟迟无法交付，甚至出现“停贷”风潮。这一现象背后反映的是房地产企业的流动性困境。数据显示，2022年商品房销售额同比大幅下降（见图5-1）。

从长远需求看，居民购房能力和空间已显不足，住房市场进入存量时代。经过20多年的大规模开发建设，我国商品住房总量达到供求基本平衡。住房供给从总量上看已不再稀缺。同时，我国城镇化率超过60%以后，已进入低速增长期，人口红利正在消失，大城市房价收入比畸高，特别是一、二线城市及热点城市，房价收入比超过30∶1，已严重超出居民家庭特别是新市民家庭的

① 陈志武. 金融的逻辑［M］. 北京：中信出版社，2009.

支付能力。

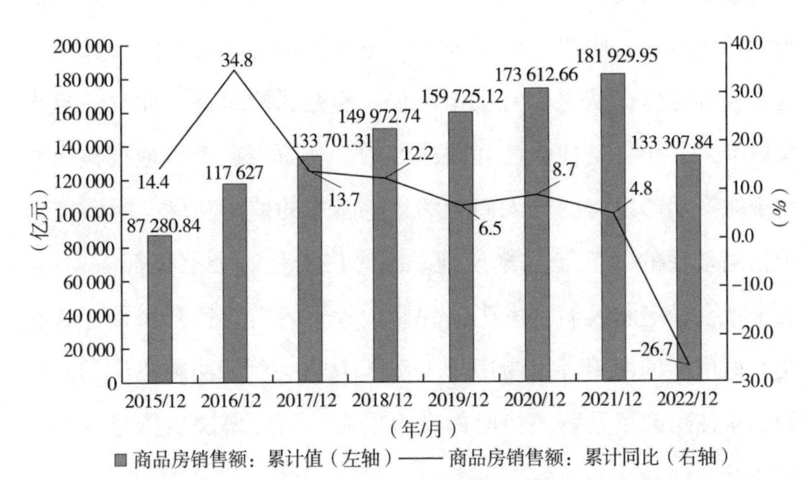

图 5-1　2015—2022 年商品房销售额及同比增速

资料来源：《中国统计年鉴》。

解铃还须系铃人

客观地说，“房地产金融化”并不是一个负面词汇，没有房地产的金融化就没有房地产的高速发展，而没有房地产的高速发展，也就没有中国经济高速发展的奇迹。

我国房地产行业伴随着改革开放发展，经历从无到有，从小到大，在社会经济上升阶段，投资房地产确实让人们感觉只赚不赔。但是随着经济发展速度趋于平缓，房地产空置大量出现。如同水能载舟，也能覆舟的道理一样，房地产繁荣发展在拉升国民收入总值的同时，其金融化的特点也造成了投机泡沫，形成金融危机的隐忧。

很多人投资房地产考虑的是低风险，不像股票、黄金、期货，即使赔了还有使用功能保留。可是房地产真是一个好的金融产品吗？对比黄金、股票、期货来说，房地产作为金融产品最大的问题是流动性低，从这个意义上来说，也是风险最高，而且一旦出现风险，其伤害是社会性和致命性的。其原因在于房地产具有其他金融产品所没有的与人们生活息息相关的使用功能，所谓"房子是用来住的"就是这个道理。因为房子是每个家庭都需要的，关乎社会稳定和人们基本生活保障。投资者需要提升房价才能获益，而房屋的使用者因为房价上涨无力购买而无法解决刚需。如同当年住房改革是解决当时的社会问题，而今解决房价过高也是解决社会问题。

房价继续上涨，大部分有刚需的老百姓承受不了，房地产市场崩塌，整个经济和社会更承受不起。但是如何解决这个进退两难、困扰多年的问题呢？政策制定者、学者、房地产从业者和普通大众都在思考。问题又回到改革之初的目标，解决住房问题，也就是回到房屋的使用功能上——"房子是用来住的"！

德国的住房制度越来越得到国内专家的推崇。为了把住房的使用功能放在第一位，德国真正建立了租售并举的住房市场。为了"并举"，他们有完善的法律保护租赁市场，包括《住房租赁法》《租金水平法》等保护租房者的权益。同时也在供给侧建立了多种渠道解决供应问题，如鼓励私人投资商建设专门的出租用房，建立国有房屋租赁公司、住房合作社等。

原来德国的4 000多万套住房中，自有产权住房约39%，私人出租住房将近36%，其余25%左右为法人机构出租住房。这说明超60%的住房者是租户。而且越是大城市，租赁住房比例越高。

如果把住房租赁的市场培育起来，对解决中国的住房问题是不是一个有效的方法呢？答案是肯定的。

其实在中国，住房租赁市场一直存在。一方面，大量的无房者需要住房；另一方面，也有个人作为投资回报的一种方式需要出租多余的房屋，但是租金回报率与炒房完全不可相比。我们可以简单测算一下，假设一套位于北京二环内的80平方米的两居室，市场价格是500万元，每个月租金为8 000元，年租金为96 000元，即使不考虑税和其他装修、物业管理成本，其投资的年回报率都不足2%。若是贷款购买的房屋，则可能回报不足以支付银行利息。这是供给方的计算。

再看需求方，由于市场机制欠完善，租房市场的惯例是合同一年一签，居住的主动权不在租客手里，随时都有可能因为房屋所有人的想法改变了，而被迫搬迁。房租的价格也随时改变，更无从谈起根据自己的意愿提升住房品质和生活质量。多数的租房与高质量生活无关，只能作为临时的栖身之地。高质量的生活不能从租房中获得，追求生活质量的人，又回到买房的挣扎中。这也形成了一个恶性循环。

事实上，2017年前就已经有一些房地产中介公司开始尝试解决租赁市场问题，但并不理想，甚至出现新的风险。例如，租赁公司投入资金，将零散业主的空置住房统一租下来，装修改建后再分别租出去，这个模式当时也很被看好。但是正如前面所述，由于租赁的回报率无法与房地产投资回报率相比，其租售比的成本比是1/700，这就给租赁公司的投资本身也带来新的风险。租房的直接商业模式看起来并不理想，由于投资巨大，房屋租赁公司资金链断裂也成为一个新的问题。

到了2017年，全国的租房率还不到10%。

那么问题的症结在哪里呢？在于房地产金融化的现实。

投资已经发生，站在商业银行角度，保持市场的正常运转，才是降低风险的最好方法。历史上中国人治水采取“疏堵结合”，有着“宜疏不宜堵”的文化思维。金融如水，风险面前，治理房市如同治水。

在目前的宏观管理工具箱中已经使用或准备使用的工具，基本上都是以抑制需求的行政手段为主，例如控制房贷水平和房贷利率，限制购房数量，限制房地产价格，限制土地拍卖，等等。这些实际上是在采用“堵”的方法，效果不好。既不能如希望的那样将房价控制住，又会让房地产的相关行业由于频繁换挡的调控政策而饱受“内伤”。

如何在“疏”的方面做一些尝试呢？在房地产金融化的现状下，房价居高不下，住房租赁在经济上得不偿失。虽然知道这是一个有效的疏通机制，但是如何操作，使之能够被市场接受？这是个难题。

前面说过，房地产过度金融化产生泡沫的主要因素是空置率，推动租赁市场当然要聚焦在消化空置房问题。

按照国际惯例，商品房空置率在5%~10%为合理区间，10%~20%为危险区间，超过20%则表示商品房严重积压。从2000年开始，我国商品房待售面积不断上升，2015年达到历史最高点，去库存要求显著降低了商品房待售面积，但仍有近5亿平方米。根据测算，2002—2019 年我国商品房空置率均值为 14%，其中，2014—2016 年空置率更是高达 20%。根据西南财经大学中国家庭金融调查与研究中心（CHFS）数据，2011 年、2013 年、2015 年和 2017 年中国城镇地区住房空置率分别为 18.4%、19.5%、20.6%和 21.4%；二、三线城市空置情况更为严峻。

空置率问题本身是金融风险所在。从降低风险出发，找到“疏导”的通道。是否能通过开发长期租赁市场，辅之以必要的金融支持措施，引导空置住房进入消费？如果我们能够通过租赁把散落在城市的空置房使用起来，加上原有的租房率 10%，大城市租房率可以达到 40%的话，基本达到发达国家的平均水平。这样一来，一方面可以实现社会资源特别是土地资源的充分利用，另一方面可以降低住房投资的不良率，提升住房市场的风险承受能力。通过长期租赁市场撬动空置房，既是“疏”的办法降低风险，也是对行政“堵”的方式的补充，使之能够有效落地。

作为房地产业务大行，建设银行的基本思路是用金融服务撬动空置率问题。

解铃还须系铃人，房地产金融问题要用金融的手段来解决。

空置房，大市场

我国的空置房数量庞大，分布广泛，既有机关单位的老旧房屋，也有个人购买的新住宅。作为金融服务机构，建设银行首先注意到了一些单位所属的空置房。数量大，问题复杂，个人和房屋中介公司难以撬动，而这是金融机构提供服务的机会。

需求在，市场就在。庞大的住房需求就是潜在的巨大市场，只有从满足需求角度来开发空置房租赁市场，才有可能成功。这时候建设银行把眼光投向了城市化进程中的新移民群体。

2002 年，代和会和丈夫与同乡一起来到广州，像无数在中国城市化进程中从乡村来到城市的农民一样，期待在这个改革开放较早、公司最多的口岸城市找到一份工作，多挣点钱，给自己的一儿一女挣出学费，也改变全家的生活。工作很快找到了，他们双双到环卫局当上了工人。虽说环卫工人辛苦，可是代和会和她丈夫觉得自己年轻，身体好，不怕吃苦。

真让他们发愁的不是工作辛苦，而是住房的尴尬。那时，她和丈夫的月工资都只有 450 元，为了节省，他们和老乡一家在海珠区江南大道合租了一间半地下室，面积 20 多平方米，月租 600 元，两家各分担 300 元。房租虽说不贵，但是房间潮湿昏暗，蚊虫滋生，老鼠乱窜，四周墙壁都是黄泥糊的，时不时会有墙皮泥沙脱落，既不卫生，又感觉不安全。更尴尬的是，两对夫妻长时间挤在一起，生活起来很不方便。可是交完房费、水电费以及其他日常生活的必须支出，一个月下来，所剩无几。为了生计，只能麻木地凑合。代和会对大城市生活的艰辛最刻骨铭心的记忆来自这个地下室。

代和会夫妻凭着吃苦耐劳的踏实劲，很快就融入和适应了环卫工作，代和会也因此被提拔为班长，工资收入也从最初的 450 元增加至后来的 4 300 多元。

随着“同居”工友孩子的长大，工友一家搬出了半地下室，这间不大的房子就剩下他们夫妻二人。于是，他们把孩子从老家接过来一起生活。一家人终于团聚了，但是生活成本也在提高。地下室的房租也从 600 元不断涨到 1 400 元。代和会的女儿如今已经是 26 岁，在广州的一家美容院工作，儿子回到成都上了技工学校。

这些年房租不断上涨，但室内条件一点儿没有改善。已经到了谈婚论嫁的女儿宁愿带男朋友和他们一起出去吃饭，也不愿意带男朋友到家里来认认门。

代和会夫妻在广州打拼了 18 年，工资也提升了 10 倍，但是住房问题完全没有任何改善，而且她看不到机会。

2001 年，到重庆打工的李华碧是另外一个处境。她自小虽然家庭贫穷，但是心灵手巧。为了改善生活，她把两岁大的孩子留在老家，跟随丈夫来到重庆。不久她发现了一个机会，很多重庆人，还有外来打工的工友都有做衣服的需求。而她从小喜欢缝纫，正好可以帮助挣钱补贴家用。于是她在路边摆了一个缝纫摊，她丈夫则在工地上干活。

但是李华碧没有钱租房，也无法办理执照。后来她发现南桥苑的一栋楼因为常年无人居住和管理，就干脆选择了一个楼道作为自己谋生的“门店”。

楼道里昏暗破旧，苍蝇乱飞，老鼠乱窜。为了生计，李华碧选择了坚守，一待就近 10 年。一台缝纫机、一台锁边机和一个由四轮童车改造而成的工作台，把楼道间挤得满满当当。那些她私搭乱扯的电线，在灯光的照射下，处处都暴露着安全隐患。有关单位随时过来清理整顿，怎奈房子闲置无人管，为她提供了很好的“游击”场所，往往是等检查的风头一过，她就又回来了。街道办事处工作人员看她人老实，生活又不容易，街坊四邻也有这个需求，对她的存在也就选择了默认，唯一要求就是千万别出现风险和乱子。

进入21世纪的中国，随着经济发展，城市化进程快速推进。每年将近2 000万人口从农村迁移到城市。他们之中除了像代和会、李华碧这样的进城从事服务业的农民，还有许许多多到企业和研究机构的大学毕业生。这些人口的流动是经济发展的巨大推动力。代和会和李华碧初期进入城市是想打一份工，挣出孩子的学费、父母的医疗费、在家盖房子的费用等，并没有想过在城市里长期居住，但是城市里巨大的服务市场和社区需求，使他们成为这个城市不可或缺的一分子，城市工作和生活方式的改变也使他们不由自主地成为城市的新市民。据有关调查，城市流动人口的第二代更加无法返回乡村，城市化进程在高速形成。

根据国家卫生和计划生育委员会发布的《中国流动人口发展报告2017》，我国流动人口近2.45亿，租房比例为67.3%，按照户均2.67人算，租房户数为6 100万户。当然，由于房价高企，常住人口的租房需求也不可忽视，户籍所在地居民至少有5%租房，2016年城镇常住人口7.93亿人，租房户数1 480万户以上。

但是由于房地产业聚焦高回报投资，新移民的支付能力有限，是否能够像房地产改革初期推动住房市场一样，用金融手段来推动住房租赁市场呢？如果我们能够解决这个问题，就不仅仅是解决了以租赁住房降低房地产金融泡沫化的问题，同时也是在提升社会公平和文明水平上找到了切入点。

社会痛点问题就是新金融的发展方向。最初的租赁金融产品设计开始了。

刘军当时担任建设银行广东省分行行长，广州是中国改革开放较早的城市之一，也是人口最先流入的城市之一，多年的房地产金融服务经验使他对这个问题考虑得非常深入。

广州市直管公房总量约 11.36 万套，虽然房源量大，但是多为建筑年限为 20 世纪 50 年代到 80 年代的房屋，质量堪忧，需要装修改造；房源较为分散，租赁公司人员紧缺，且缺乏相关管理经验，在对直管房管理上存在很大难度。刘军觉得这是一个好机会。

不久，由建设银行广东省分行和广州珠江住房租赁发展投资有限公司（简称“珠江租赁”）合作盘活老城区的空置公房项目，就正式启动了。

通过这个项目，刘军及其团队建立了一个模式。第一，金融支持空置房源投入市场。面对各级政府机构、企事业单位、中介机构和个人，提供“存房”服务，为租户和中介机构提供长租房源。第二，金融支持改善房源。为房屋租赁公司和房屋所有者提供贷款，同时组织建立相关企业联盟，请设计、施工和设备公司以及家居产品公司一起加入，为这些公司提供必要的金融服务，促进它们之间互相合作，大大提高效率，通过批量采购和统一管理流程，把改造和装修费用降到市场的六到八成，改造费用分摊到每个月的租金里，虽然每平方米增加了几元钱，但是租户的体验感大不相同。第三，金融科技平台管理过程。确保过程透明，无论是房源、装修工程、设备配置、物业管理等，都在平台上，随时为租户和业主以及服务商提供帮助，提升效率、降低风险。

第四，专业服务到位。同时引入专业管理公司，从租务、生活服务和延伸服务等都安排有序，让破旧的空置房屋变成时尚和高科技的现代居所。

项目首批直管公房 543 套，先后在越秀、天河、海珠等区域交付使用。定向打造成环卫工人宿舍，目前已陆续交付给环卫工人入住。

代和会选择了位于海珠区前进路的一套 30 多平方米的房屋，这里交通便利，配套完善，菜市场、医院近在咫尺。这套房屋户型方正，三面有窗，整个房间都是新的，并配备了沙发、茶几、桌子、床等生活必需家具，还有一个独立的洗澡间和朝南的阳台，月租金为 600 元，首次租期为 3 年。

看着拎包即可入住的新家，代和会的眼眶渐渐地湿润了。因为她偷偷地打听过，周边同类型的房子，条件还不如这里，月租金至少比这里高出 3 倍以上。眼前的这一切，总让她觉得不真实，仿佛在做梦。不仅房间精致漂亮，还有各种专业服务让她感到安全放心。用她的话说："每天早上只是把房门轻轻一带，就头也不回地上班去了，再也不用像以前那样，明明是看着门锁上了，可还是不放心，还要反复推拉房门，以确定房门是否锁上。"

自从搬进了新居，女儿也缠着代和会，非让她给租赁工作人员说说，把她的指纹也输进智能门锁系统，想回来和他们一起住。

在广州漂泊了 18 年之久，代和会终于找到了家的感觉。

代和会的故事给了刘军和同事们很大的鼓舞。他们的直觉是对的，必须找到房源，才能帮助更多的代和会们找到家。

其实像这类房源，各个城市都有很多。要使用起来就需要投资改造，但开支大，无法保障投资回报率的话，没有人愿意投资。不改造，是闲置无效资产，也是社会资源浪费。盘活资产本身就是金融服务，银行找到了角色。建设银行为房屋租赁设计的信贷产品，最重要的用途就是改造更新。通过改造更新使空置房提升了品质，重新具有了使用功能，成为住房租赁的有效房源。

2019 年，建信住房公司重庆子公司（简称“重庆公司”）对重庆市石马河街道南桥寺社区南桥苑 7 号楼进行出租改造时，了解到李华碧的相关情况。改造完成后，把一楼便民服务站其中的一间房，免费给她开缝纫铺用。

看着做梦也没想到的店铺，李华碧当即改变经营思路，既做“来料加工”，又做“订制服务”，店铺里的面料品种可谓是“高低搭配”，业务量一下大增。

一个月下来，她粗略地算了算，收入比以前大增 2 000 多元。对于新改建的楼房来说，也需要李华碧这样的服务店铺。这是一个一举两得的安排——既解决了李华碧的合法就业，又满足、改善了居住区的服务需求。改造后的小区便民服务站同时解决的还有其他摊贩的营业场所问题，让那些无照经营的摊贩有了属于自己的合法固定场所，改善了街区环境，也增加了街区住宅的市场竞争力。

为住房着急的不仅仅是城市化进程中的农民，新市民中还有大量的科技教育人才。

2009 年，陈旭梅作为青年人才加盟北京一所大学。初入职时，一个人住在学校单身宿舍过得还算安逸。随着年龄的增长，爱情的来袭，单身宿舍已不是谈婚论嫁之人的“久留之地”。2015

年，陈旭梅幸福地步入婚姻殿堂。她爱人也是外地人，两个人在北京均没有房子。

他们曾经考虑过买房子，怎奈房价太高，实在是买不起。两人一商量，决定眼下还是以租房为主。

为方便陈旭梅上下班，他们将婚房租得尽量靠近学校。但学校周边的小区多是学区房，不但普遍老旧，而且租金高，还不稳定。每年开学季，房东都会提出租金涨价要求，这让他们小两口始终没有归属感和安全感，一年换一个住处，连孩子都不敢要。

唐爱伟在北京交通大学工作了20多年，已是其研究领域的知名学者。他妻子在学校后勤部门打零工，一家五口常年挤住在一间30多平方米的筒子楼里。屋内除了一张桌子和一些简单必需的家具，并排放着的两个大通铺把房间挤得满满当当。做饭只能在公共走廊上操作，吃饭也基本上是一人端着一个碗吃，很少能全家人围坐在一起吃。

对唐爱伟来说，这还不是最尴尬的。每天晚上睡觉，父母挤在一张铺上，他与妻子和上小学的孩子三个人挤在另一张铺上，有很多不便。

眼看着孩子一天天长大，他的住房状态却始终没有改变。他虽然多次向学校反映自己家的实际困难，终因学校有心无力而无法给其实质性帮助。

其实在这所大学，为住房焦虑的不只是这些年轻的老师。关教授年逾50，在学校担任博士生导师和副校长。他们夫妻和80多岁的老母亲一同居住。平日里，他们夫妇工作都很忙，常常只有母亲一人在家，这让他对母亲的日常生活多了份担忧。母亲没事的时候很想下楼遛弯，和街坊邻居聊聊天，但因年纪大，腿脚不方便，且住的房子没有电梯，虽然住在 4 楼，下楼遛弯却成为一种奢侈。要是没人陪同，她只能常年自己待在家中。这让关教授的心里很难受，他也因此有个心愿，就是能住上一套带电梯的房子。

这所大学现有教职工 4 000 多人，只有 1 000 多人有房子，一半以上的教职工名下没有房产。为解决住房难问题，学校于 2016 年先后建了 4 栋楼、731 套房子，怎奈又引发了新的矛盾——分房难，并由此引发了多种经济和人事纠纷，让好事多磨了起来。眼前的福利变成了“麻烦”，致使房子“空置”长达数年。

建设银行北京市分行了解到这个情况后，随即向学校推出将房屋所有权与经营权分离的“存房”模式，由校方将房屋委托给建信住房公司运营，再由建信住房公司与教职工签订房屋租赁合同。由于改为第三方租赁，教职工根据自己的实际需求选择住房，“房子是用来住的”，需要大一些的房子就多交租金，不需要就不租，节省租金。一下子把问题简单化了，操作顺利。

2018 年 7 月 29 日，在公平、公正、公开的选房操作中，陈旭梅选中了一套 92 平方米的三居室，搬出了在双榆树附近租的那套 40 多平方米的旧房子，开始了自己的新生活。虽然新房子也是租的，且租金比此前贵了将近 2 000 元，但陈旭梅认为“贵有所值”。一是房子大了，又是全新精装修的，还在学校里，环境又好又安全；二是租赁公司合同可靠，不用担心房东乱要价和随便撵人；三是“管家”式物业服务，可以省去自己很多麻烦事。

心安了，家也就稳定了，要孩子的计划也就提上了日程。

2019年年底，陈旭梅夫妇喜得贵子，并将父母从老家接了过来。从此，一家五口过上了向往已久的安逸、舒适、美满的幸福生活。

唐爱伟在这次新房配租方案出台后，如愿以偿地租到了一套90多平方米的三居室，结束了长达20年的蜗居生活。在拿到新房钥匙的那一天，一个堂堂的大学教授竟然喜极而泣，哭得稀里哗啦。用唐老师的话说，20多年了，我终于可以给家人一个交代了。

关教授在这次选房中，根据相关条件，选中了一套125平方米的三居室，面积比原来大了50多平方米。随着房屋面积的增加，房租也较原来有了大幅提高（月租金约12 000元）。在关教授看来，虽然租金高了，但他认为值，起码是向往已久的电梯房，终于梦想成真。

他不无感慨地说，除了电梯，还有一点让他满意的是新房子在校园中，能在这么个闹中取静的地方生活，就算是没人陪母亲遛弯，他也非常放心。他母亲自从搬进新家后，随着下楼活动不再受限，身体也比以前硬朗多了，甚至高兴的时候还会哼上几句小曲。母亲的身体好了，关教授投入工作上的时间更多了，人也更忙了。

确定“住房租赁”战略之后，机关单位空置房是第一个发力点，建设银行利用3年左右时间，通过贷款、投资、联盟合作等方式，盘活空置房16万间，解决了10多万户家庭的住房需求。

“要存房，到建行”

除了政府和机构的房源，住房租赁金融产品帮助很多个人将手中的房源供应给社会，也就是我们说的“存房”。

广东省珠海市沥溪公司是沥溪村村民以入股形式组建的合作公司，沥溪村的地理位置在珠海市城乡接合部，有村民 328 户。2015 年，珠海市对该村进行整体搬迁改造，对征地农民予以补偿。2018 年年底完成村民回迁房建设，共 13 栋楼 2 000 多套房子，并按照标准对征地农民予以实物分配住房。多的能分得 10 套房子，少的也有 3 套，极大地提升了村民的幸福指数和获得感。

但相应的问题也扑面而来。因为没有地种了，除了打工，许多农民的收入来源单一，总想在房租上能有个“好收成”。

由于地段相对较偏，加之大量房源集中上市，要么房子租不出去，要么租金被租客压得很低，实际收益和村民的期望相差甚远。为争抢有限的客源，一些村民不惜自我压价、恶性竞争，导致村民间矛盾激化、纠纷不断，甚至引发治安案件，原本简单和谐的邻里关系被打破。

东边日出西边雨。就在沥溪公司为村民房子租不出去而着急上火的时候，珠海 GL 股份有限公司（简称“GL 公司”）同样为租不到房子而急得满地打转。

GL 公司旗下有员工 8 万多人。为确保员工队伍活力，GL 公司每年都会从大学招收大量应届毕业生。2019 年，GL 公司计划招收大学生 1 200 人。面对即将到岗的 1 000 多人，住宿和安全问题成为 GL 公司绕不过去的一大难题。为此，GL 公司以人才引进为由，向珠海市政府提出人才保障房申请。无奈政府有心无力，问题从终点又回到了起点，还得是“自家的孩子自己抱”。

眼看 7 月份毕业季临近，GL 公司找到建设银行珠海市分行，希望通过建设银行的住房租赁项目来帮其解决难题。珠海市分行从开发商客户那里正好了解到沥溪村村民的情况，当即联系沥溪公司洽谈合作事宜，双方一拍即合，确定了合作思路和方案。

按照GL公司宿舍标准要求，在沥溪公司协助下，先由珠海市分行统一受理村民“存房”申请，与符合条件的房主逐一签订合同，再由珠海市分行与GL公司签订租赁合同，实行“以租定存”。

据此，珠海市分行共从村民手中收房190套，按照一间房住两人的标准，一次性为GL公司解决了1 200名新员工的住宿问题，解了其燃眉之急。

村民简友朋自从把房子“存”给建设银行后，不但租金稳定了，而且收入也较以前提高了近千元。每到月末，只要听到手机上发出叮当声，他看都不用看，就知道这个月的房租到账了。

简友朋这次一共存了两套房，每套房子的月租金在4 000多元，一年下来光租金收入就超过10万元。他对这个租金很满意，称自家现在已经步入小康生活。

对广州市熟悉的人，无不对“城中村”有特殊的印象。“城中村”其实在很多城市都有，它是我国城市化进程的一个特色。随着房子越盖越多，城市变得越来越大，原来的郊区村落成为城市中心街区，原来的郊区农民成为房产主。广州市的城中村有300多个，住房40万栋。城中村村民多很富裕，但是城中村的社区环境比较差，房屋质量差，安全隐患多，造成了空置房屋很多。

建设银行广东省分行针对这个特点在广州市海珠区北山村开展存房业务。村民像存钱一样，把闲置的房源“存”到建设银行，一次性拿到3~5年甚至8年的租金。接着，银行利用企业联盟对住房进行改造升级。同步引入专业的合作服务商，包括保洁、搬家、健身、医疗等，改变了城中村的环境。

一个有20套房的村民算了一笔账，过去自己出租，每套房每月叫价800元，因为房屋质量差，租期短，出租率一般只有80%，每月回收1.4万元左右。"存房"后，由平台的租赁公司统一出租，扣除装修和改造、贷款利息等成本后，每套房每个月可以确保净得租金700元，不用担心空置率，不用自己再投入改造房屋，每个月总收入还略高于原来，该村民感到非常满意。

从租户角度看，年轻化因素的提升，吸引了周边金融区和商业区的年轻白领，出租率很快就达到了100%。

这个试验覆盖了房屋1 863套。建设银行广东省分行新增贷款业务4 600万元，新增企业存款2 000万元，新增当地房东和租户客户万余名。

刘金玲是北京市大兴区礼贤镇的回迁户，因为新机场占地拆迁，她家在礼贤家园分得6套回迁房，这让一家人兴奋不已。

经全家商量，公公婆婆住一套，他们一家三口住一套，其他4套房子用来出租，贴补家用。因为是第一次出租房子，他们没多想，就把房子交给了一家中介公司。按照刘金玲的说法，本想把房子租出去按月收租金就是了，可没想到各种麻烦事接踵而至。房子漏水了、窗户关不上了、门锁打不开了、马桶堵了各种大小事，只要是房子出现问题，租户会不分时段，通知她或家人来处理。

经历了这些，刘金玲一家对剩下的两套房子怎么出租多了些顾虑和想法。

后来，刘金玲听说邻居家把房子“存”给了建设银行，这让她有点儿意外和不敢相信。为此，她专门到附近的建设银行网点去打听。

了解之后，刘金玲索性把已经出租的两套房子也收了回来，都交给建设银行下属的建信住房北京分公司。用她的话说，把房子交给建设银行，放心、省心、增值还方便。

的确，建信住房公司在和当地群众签订“存房协议”时，明确告知对方：将对房屋统一配置家具家电、统一出租，且租金按年付。

在刘金玲和她家人看来，免费安装家电固然有吸引力，但把房屋租给谁，有问题谁来处理，如何确保房屋整洁不受损等具体问题，才是他们更看重的地方。

事实确如刘金玲和她家人所期望的那样。自房子存到建设银行后，他们只负责收租金，其他的一切问题和麻烦事，则由建信住房北京分公司来负责。

按照“以租定收，散租散收”的“存房”模式，大兴支行协同建信住房公司在礼贤家园共收房源 1 015 套，全部供新机场建设集团及相关单位使用。

“存房”解决了供需两端的需求，一方面通过整合空置房屋资源，为各种不同类型的空置房业主提供金融支持，使其能够把空置房投入使用；另一方面为租房客户提供支持，使其改善居住条件，并享有较长的租期和较低的租赁价格。

“在上海这种核心城区，能够有一张床，还只花几百元，真是太幸福了!”陕西来的家政人员张阿姨和安徽来的家政人员周阿姨眉开眼笑，两人把包放到了行李架上。

这是CCB建融家园·芳华路住房租赁项目，位于上海市芳华路220号，地属上海市浦东新区花木板块，距离地铁站500米，距离陆家嘴国际金融中心4千米。

谈起这个项目，时任建设银行上海市分行行长林顺辉感慨很多：

> 我们内部给这个项目起了个名字叫“建设者之家”，是专门给附近的家政人员、厨师、环卫工人、快递小哥、保安这些城市基层奋斗者居住的，可容纳近600人。一张床每个月的租金是800元左右，大多是公司出钱，让这些来自千里之外的老百姓，能够在上海有一个安身之地。
>
> 当然，找到这样地段的空置房也没那么容易，我们当时的定位就是不做成高档的公寓。我们立足社会痛点，针对不同需求，开发了不同的结构。这个项目的设计是比较温馨的，有洗衣房、公共卫生间、浴室，楼梯口还配备吹风机。对于项目的卫生整洁度、物业的管理，我们也都非常重视。服务质量提升了，同时整体价格要比市场低10%，既住得好，又住得起，老百姓的好感就是建设银行的品牌价值。
>
> 我们不能只关注“高大上”，还要看到政府想要花精力去做，而资本市场化没有触及的一些“真空地带”，恰恰这些才是我们应该去做的事情。除了像“白领”这样的高端人才，还有庞大的新市民群体，包括基层的城市服务者、劳动

者等，城市的发展离不开这些人；一个再大的城市，没有与之配套的家政、厨师、快递小哥等服务人员的话，是没有办法可持续发展的。在上海这样的大城市，很多劳动者都住在郊区。我们做这个项目也是为了解决这些社会痛点，为城市服务者提供一个场所，可以在市中心就近工作生活，提高幸福感和满足感。

建设银行这个项目受到了市场欢迎，特别是帮助了很多空置房业主解决了实际问题，银行员工感受到市场对租赁住房的需求，有了金融服务解决问题的价值感。从刚开始的怀疑，到全力投入推广，甚至有的员工都开始打起自己单位的主意，计划把在市中心好位置的办公楼空置房改造成更多的租赁住房。

2018 年，田国立在陆家嘴金融论坛上讲到“要租房，找建行”时，几百人的会场突然响起了一阵掌声，但同时他又开玩笑地对大家说：“其实你们真该鼓掌的是下一句话，‘要存房，到建行’。”

“要存房，到建行”的概念就这样推出了，其根本目的是动员整合社会的空置房资源。客户把钱存到银行，非常正常，但是虽然房屋具备了金融属性，却没有人把这个资产存在银行。如果能够把空置房屋作为资产“存”在银行，那么不仅房屋租赁市场有了足够的房源，而且像其他金融服务一样，通过严格监管和透明运作，规范市场行为，将不仅为没有住房的客户提供租赁服务，也为改善整体城市环境提供支持。

平台+金融产品+服务

建设银行开始实施住房租赁战略时，很多员工半信半疑，甚至觉得要改行当“房屋中介”了。刚开始起步时，为了寻找到空置房源，也确实需要依靠组织力量试运行，很多事情做起来很像房屋中介。但是随着业务起步，商业模式确立，如何发挥商业银行的作用才是焦点。

这并不是银行人从此不干银行，改做租赁了，银行要扮演的是一个资源整合者的角色，是与专业中介机构一起去打造租赁市场和开发“存房”业务。商业银行要给房屋租赁市场赋能，包括建立互信、稳固的租赁关系。

现在租房市场不发达有多种原因，其中期限太短是一个主要原因。银行可以通过租户租赁贷款产品，让房东和房客长期稳定租约，降低议价和租赁行为过度波动。同时推动中介、装修维护、家用电器、智能化等方面互相合作，为社会提供信得过的居住产品。凭借如此种种方法，把租房市场培育起来。

实际上，随着住房租赁的推进，越来越多的人会看到租房的刚性需求，随着住房租赁市场的培育和住房理念的改变，更多的人会弃买房改租房。有机构预测，至2030年，我国租赁人口将达到2.7亿人，整体市场规模将达到4.2万亿元。住房租赁市场有着巨大的市场潜力。看到这样大的市场潜力，会有大量企业加入进来，银行的责任是用金融手段完善这个市场，吸引更多的人进入租赁市场，就像当初吸引人进入房地产开发一样。银行从来不是发展商，也不会成为租房公司。

由于各种琐碎的现实难题，要破解住房租赁金融的模式问题，还需要从根本上调整传统银行服务角色的转变。庆幸的是，今天我们已经有了给力的金融科技工具。或许应该说，这个战略的提出本身也来自金融科技的启发和鼓励。如果没有网络平台的支持，再好的创意也会被无法落地的残酷现实所击退。

建设银行利用金融科技的优势，建立了“平台+金融产品+服务”的模式。从业主、租户、中介服务商、配套服务商以及政府和公共服务部门等的需求出发，打造住房租赁综合金融服务方案，确保在现行的法律环境下，能推动形成市场作用与政府监管有机统一的住房租赁体系。

平台解决市场规范和透明问题

建设银行的住房租赁服务平台，集供需信息、交易、服务、监管于一体，实现供需的高效、准确对接，解决了以往服务链过长、各方缺少信任的问题，也为政府监管规范租赁市场提供了重要的工具，为企业和个人提供了高效共享的服务系统和保障性支持。

这个平台保证了政府对实名认证等租赁交易行为的监管功能；供给方实现房产信息公开披露发布；运营企业客户实现房租、水费、电费缴纳支付渠道畅通；租户除了可享受包括贷款和理财在内的一揽子金融综合服务，还可以享受一键叫车服务及第三方服务机构带来的搬家、保洁、家修、家电配置等多种多样的服务。

值得一提的是，服务平台的建立，也对建设部推进住房租赁和老旧小区改造等工作提供了支持。建设银行与六省市、住建部共同签订战略协议，又和十几个省市的旧城改造项目签订了新的合作协议。建设银行因为在住房租赁战略上的推进，不但没有在房地产业务方面优势丧失，反而扩大了市场，形成了新的竞争力。

首创住房租赁贷款支持多种金融需求

建设银行的住房租赁贷款用于租赁房源整合、支付租金、改造装修房屋、家具家电配置、日常运营、盘活资产等全生命周期金融需求。无论是对于新住房用于租赁，还是商业及工业用房改建的租赁用房，抑或人才房、保障性租赁用房等，均可支持。在借款主体方面，对于国企、民企、高校等企事业单位的资产管理公司等，均能支持。在期限方面，对于新建、购买租赁住房，贷款期限最长 25 年，保障性租赁住房项目贷款期限最长 30 年；对于改造、装修用途，贷款期限最长 15 年；对于采购家具家电、支付租金等用途，贷款期限最长 8 年；对于租赁业务日常运营等经营周转用途，贷款期限最长 3 年。在用途方面，对于购买房源用于租赁、支付租金、租赁住房改造装修、家具家电配置、租赁业务日常运营等用途，以及为盘活资产以租赁住房、租赁业务应收账款进行抵质押融资等住房租赁全周期发展的用途，均能支持。

自 2017 年以来，建设银行发放与租赁相关的贷款 2 527 亿元。

支持专业化、机构化租房企业的发展

这是住房租赁金融服务的重要内容。

租赁市场不完善的主要原因是租赁关系不稳定，表现为租期不稳定、租金上涨过快、中介服务不规范等，租赁权益得不到保障。近年来，一些不规范的长租公寓或住房租赁企业，为了快速筹集资金，采用房租“高进低出”“长收短付”等方式，“爆雷”事件不断发生，受新冠肺炎疫情影响，长租公寓出租率下降，相继传出企业资金链断裂问题，反而加大了对百姓居住权益的伤害。

建设银行不仅支持政府和企业整合房源，还与大量的中介服务公司对接，为它们提供金融服务，包括为它们提供贷款支持，调动“存房”等资源，配置相应金融产品，盘活存量房产，增加租赁房源，推出专门支持住房租赁建设和经营的长期性贷款产品，推动更多市场待售房源由售转租。

民营住房租赁企业多为轻资产运营，企业成立年限较短，股东背景实力弱，评级普遍不高，且无法提供有效抵质押及保证，在现行监管原则下难以直接从银行获取贷款。

为了解决这个难题，建设银行设计了所有权与经营权两权分离的经营模式，推荐房屋权属人与建信住房公司达成房源租赁权或收益权转让交易，建信住房公司按合同约定向权属人支付租金收益或资产收益，并将获取的房源委托经建设银行准入的专业租赁机构运营管理。两权分离的方法，让“存房”业务通过银行子公司来做，租赁经营由租赁公司来做，解决了企业融资难、融资贵加大租赁业务成本和风险的问题。房屋所有者将房屋“存”给银行，有效保障资产的保值。

如前所述，住房租赁的市场潜力巨大，这个行业也存在了很久，但是由于行业发展理念和模式存在问题，不规范和欺诈行为造成了很多负面影响。要用它破解房地产金融的风险，要做的基础工作很多。建设银行坚持为这些企业做好服务，包括平台建设和金融支持，打造一个好的行业生态圈。

发力提升住房品质

建设银行坚持盘活现有空置房当作住房租赁的起点，而不是增加新的住房。但是现有房的品质问题，也是影响租赁的重要因素。很多存量住房的建造时间年代较远，20 世纪 90 年代以前建造的住房比例高达 26.97%。老房设计格局以满足基本居住为目的，线路、管道老化严重，存在较大的安全隐患，且各方面配套设施不足，难以达到适居、宜居要求。据住房和城乡建设部摸排，全国共有老旧社区 17 万个，约 4 200 万户，涉及上亿人，建筑面积约 40 亿平方米。为此建设银行发起与地方政府、大型企业的合作，建立住房服务联盟，以提升供给房源的品质。

2018 年 6 月，建设银行与海尔家电产业集团签订了合作协议。海尔家电品牌，无论从产品质量还是后续服务上，都给国人提振了士气。随着科技的发展，海尔在智能家居和物联网平台建设上依然是领先者。为了让住房租赁平台与智慧城市建设结合起来，建设银行在构建“CCB 建融家园”长租社区示范项目时与海尔合作，海尔负责为“CCB 建融家园”的租赁住房提供全套智能家居产品，从电视、洗衣机到空调、冰箱、厨具等。建设银行还与住房服务联盟中的其他产品供应商、设计和施工单位一起合作，将这些房屋打造成现代时尚住宅，让租房者同样享受高品质的生活。一些年轻人不仅因为方便，还因为喜欢“酷”而特别愿意租住。

当然，这个联盟的重要责任不仅仅是这些，从商业模式角度看，联盟可以共享信息和规模优势，降低管理成本，大大降低了改造费用。“物美价廉”成为事实。

住房服务联盟的建立从侧面证实了如果把住房租赁发展起来，将成为另一个经济增长点，它大大激发了制造厂商和服务商的热情，由此实实在在地帮助了实体经济。另外，城镇老旧小区改造可以改善居民居住条件，对于为住房焦虑的家庭来说，没有什么比改善居住条件更能增加幸福感了，同时也拉动消费。建设银行员工总结建融家园带来的增长点，还包括更多的因素，例如直接拉动电梯制造与安装、配建停车场、物业管理等相关产业发展，以及对二次装修、家具家电消费和水泥、钢铁等建材行业也有一定的带动作用。根据市场测算，城镇老旧小区改造预计每年可贡献 1 万多亿元投资，对各类市场主体来说是一个巨大的机遇。

围绕着提升住房品质，还连接交通、教育、医疗、养老、社区服务生态圈，智慧城市建设，带来的是一个产业新生态。

培育长租文化

要把消费支出、消费观念，包括住房理念，逐步引导到住房租赁的方向上。有观点说中国人不喜欢租房，要买房。这样的文化是存在，但是若租赁房屋更吸引人，生活方式更现代，愿意租房的人还是很多的。就像智能手机改变了人们使用手机的传统方式，因而改变了人们的生活。同样，中国现在住房消费理念也需要引导。建设银行推出“要租房，到建行”口号，其实是对应“要买房，到建行”的辉煌历史，希望以此积极倡导“房子是用来住的，租挺好”“长租即长住，长住即安家”等住房新理念，让租房逐渐成为居民享受美好生活新的选择。

为支持长租，建设银行还首创了住房租赁价格指数，为住房租赁市场各方提供数据支持和监测分析工具。目前已经编制完成了52个城市的租赁指数，对国家住房租赁试点城市实现了全覆盖。

一小步和一大步

2022年11月8日，建设银行主导的建信住房租赁基金正式成立，基金规模为300亿元人民币，这是国内首只住房租赁基金。这只基金的建立是建设银行住房租赁战略向前迈进的“一小步”。说它是一小步，因为相对于住房租赁的巨大市场需求，这只基金规模还很小。但是它却是一个零的突破，标志着住房金融发展的一个新的方向，将会给市场带来很大的影响，对于用金融方法解决“房子是用来住的”这个国家经济战略问题是迈出了一大步。

住房租赁基金以市场化方式参与长租房项目投资，增加保障性租赁住房和市场化长租房供给，推动住房租赁配套政策落地实施。通过设立住房租赁基金，可推动建设银行住房金融业务向覆盖租购两端、服务存量转型升级的模式发展，最终形成包括股权投资、信贷支持、租赁运营、REITs发行等多种服务手段的具有金融特色的住房租赁综合服务体系。

从运作模式来看，建信住房租赁基金主要按照市场化、法治化、专业化的基本原则，收购房企存量资产，项目成熟稳定后，通过政策许可的市场化转让方式退出（见图 5-2）。

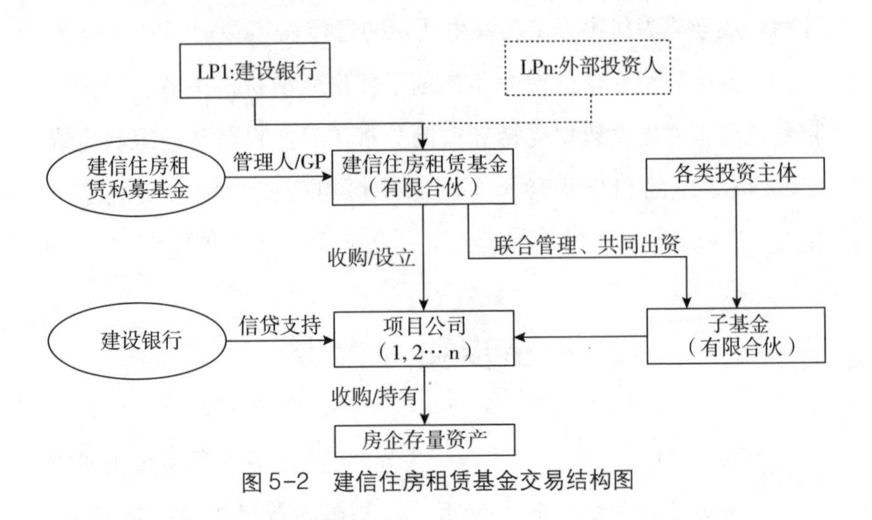

图 5-2　建信住房租赁基金交易结构图

建信住房租赁基金聚焦三个着力点。

第一，探索房地产发展新模式。 建设银行将与各类投资主体合作设立子基金，并建立开放的“项目接口”，撬动更多社会资本参与其中，解决住房租赁领域长期资本投入不足、传统债务工具覆盖不够等问题，帮助房地产业盘活存量资产，降低库存和资产负债率，增加租赁住房供给，探索租购并举的房地产发展新模式。

第二，构建住房金融服务新体系。 建设银行以建信住房租赁基金为契机，推动住房金融业务向覆盖租购两端、服务存量升级、间接融资与直接融资并重的方向发展，形成集股权投资、信贷支持、租赁运营、REITs 发行等为一体的全方位住房金融服务体系，为建立多主体供给、多渠道保障、租购并举的住房制度提供有力的金融支持。

第三，引导居民住房消费新理念。 我国现有近3亿新市民，随着城市化进程加速，“十四五”时期还将有1亿新市民进城。建信住房租赁基金将通过多种方式，增加市场租赁住房供给，让广大的城市建设者、创业者以及新市民等找到温暖的家，推动居民住房消费理念从“为我所有”向“为我所居”转变。

“非住改住”项目投资将是住房租赁基金未来的重要业务内容。针对房企自持的商业楼、办公楼等存量资产，通过资产收购并改造为租赁住房，一方面有助于盘活房企存量资产，另一方面还能增加城市租赁住房供给，助力构建租购并举的市场供应体系。该项目初期主要投向房企自持住宅和存量商办物业、低成本用地等两类存量资产。房企自持住宅的建设成本由于已经在项目中分摊，在当前房地产市场情况下，往往可以争取到相对较好的价格，利于保障投资成本与收益的平衡。商办物业则会选择在当地有明确政策支持纳入保障性租赁住房的项目。建设银行各分行将根据提供的目标资产“画像”，从各类有相关资产的客户中推荐适合项目。

绿地智汇健康城是众多“非住改住”项目中的一个，位于北京市大兴区生物医药基地产业园区内，总占地面积4.79万平方米，地上总建筑面积14.58万平方米，业态为商业、办公，共6栋办公楼和2栋低层商业楼。该项目已在2020年12月完成竣工验收，但一直闲置。建信住房租赁基金将收购部分正处闲置状态的办公楼，后续把商办物业改造为租赁住房，并申请纳入北京市保障性租赁住房管理体系，主要用于满足大兴区生物医药基地内企业员工的租住需求，特别是面向刚毕业加入基地内企业的新市民群体。首期收购的部分将改造为长租公寓，其中包括单人间和多人间宿舍多种户型，可满足基地内超过 1 000 人的租房需求，缓解大兴区生物医药基地内的职工住宿矛盾。

住房租赁基金是对房地产市场“投”入的真金白银，但是对我国庞大的房地产市场来说，300 亿元也是杯水车薪，必须让住房租赁基金有“退”的出路，形成源源不断的活水，才能进入可持续的良性循环。

住房租赁基金与公募 REITs 是资金一“进”一“退”两条路，两者相辅相成，共同充实了住房租赁战略金融“工具箱”。

从国际经验来看，REITs 是推动住房租赁行业发展的重要力量，40 多个国家和地区已推出 REITs 产品，美国 REITs 市场规模超过 1.2 万亿美元，全美十大长租公寓运营机构中，有 5 家通过 REITs 融资。

从本质上看，住房租赁 REITs 以具有稳定租金收益的住房资产为基础，用产权交易代替实物交易，将规模大、流动性差的不动产产权份额化、标准化，让每一位投资者都有机会获得不动产增值或分红的收益。REITs 强制分红的特性，让租金和资产价格关系在资本市场不停地验证、校正，有利于保持房地产价格的长期稳定。利用集体土地、商业用地、工业用地建设的租赁住房具有土地成本低、租赁期限长、租金收益稳定等特点，非常适合通过金融工具融资。

从实践上看，REITs 具有明显的优势。一是调动社会资本积极性，扩大租赁住房资金来源。租赁住房建设需要筹集大量资金支持，REITs 作为公募产品可以充分发挥市场机制作用，吸引各类资金参与投资租赁住房建设。二是引导企业调整经营模式，促进市场转型升级。REITs 可以助力房地产企业的经营模式由重资产开发为主向轻重并举、服务存量升级的方向转型，逐步培养房地产项目运营维护、改造提升、物业管理、系统建设等方面的精细化管理能力，通过加强轻资产管理提升利润水平，提高资本使用效率。三是提升建设银行金融服务能力，巩固住房金融领先地位。参与 REITs 业务有利于提升建设银行的基金管理、资产托管、咨询顾问等服务能力，并为信贷投放、股权投资、资产证券化等业务合作奠定基础。

随着保障性租赁住房纳入公募 REITs 基础资产范畴，建设银行推进首批保障性租赁住房公募 REITs 的金融服务工作。在首批 REITs 项目中，建设银行和建信信托、建信理财等子公司承担了托管行、战略投资人、咨询顾问等多重角色。

2022 年 8 月 5 日，以北京两处保障性租赁住房作为底层资产的基础设施公募 REITs 获批发行，总估值为 11.5 亿元。这是北京的首单保障性租赁住房 REITs，名为“华夏北京保障房 REIT”，原始权益人是北京保障房中心，基础资产为北京市文龙家园和熙悦尚郡两处项目。基金管理人为华夏基金管理有限公司，建设银行担任基金托管人角色，并深度参与战略配售。

随着住房租赁基金的成立和住房租赁公募 REITs 的落地，“投、贷、管、退”的住房租赁金融服务闭环已经形成，即由股权投资、信贷支持、专业运营和 REITs 退出构成的全周期服务体系（见图 5-3）。这将有效引导长期资本进入，并形成发展的飞轮效应。

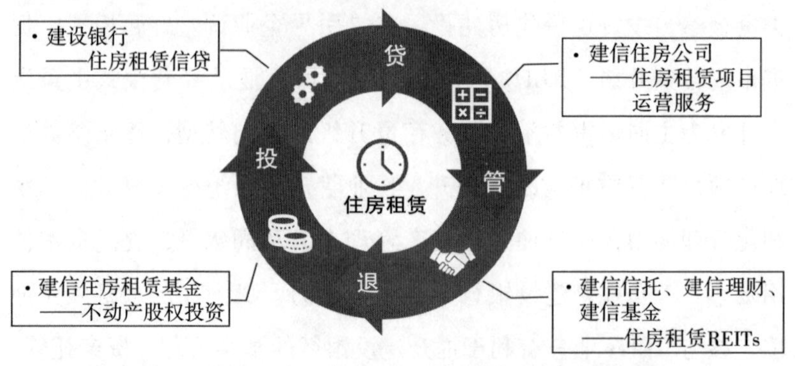

图 5-3 畅通“投、贷、管、退”的住房租赁服务闭环

在投资环节，创新设立的住房租赁基金支持增加市场化长租房和保障性租赁住房供给，助力探索房地产新发展模式。目前，正在推进的重点项目 20 余个，总规模 130 多亿元，这些项目培育成熟后将成为 REITs 优质资产。

在贷款环节，创新期限可达 30 年的公司住房租赁贷款，股债结合支持租赁资产的形成。目前，相关贷款余额超 2 400 亿元。

在管理环节，专设的建信住房公司通过平台系统等支持项目降本提效，打造高品质长租社区。平台个人用户已超 4 300 万户，建信住房管理房源超 16 万间。

在退出环节，建设银行高度重视 REITs 的创新，充分发挥集团多牌照优势，积极参与探索实践。通过成功参与保障性租赁住房公募 REITs，为企业打通资金退出渠道，同时广泛引入社会资金促进租赁市场建设。2022 年 8 月，又以咨询顾问、战略投资、基金托管等多种角色，积极参与首批 3 只保障性租赁住房公募 REITs 试点，市场反响热烈，认购份额数量均超过 100 倍。建设银行正以基金管理人等角色积极参与天津、广州、南京等地项目，争取将更多项目尽快推向市场。

在这个循环中，住房租赁基金和REITs首尾相顾、相辅相成。基金的设立，在长租房投资收购端增添了强有力的工具，将大大加速为REITs孵化培育合格资产的进程；而REITs的发行作为打通存量资产盘活和投融资循环通道的关键一步，使长租房资产端的投融资链条形成了完整的“圆”。

在这一闭环中，建设银行的综合金融服务得到了强化。实现了将商业银行服务与投资银行服务相结合，将资产管理与财富管理相结合，将表内业务与表外业务相结合，统筹租金收益和资产价值变现，实现社会效益和经济效益的融合。在强化建设银行集团全面金融服务能力的同时，也能巩固建设银行长期以来在住房金融领域的市场领先地位。

随着住房租赁市场进一步发展成熟，租住品质进一步得到提升，越来越多的居民家庭将愿意选择租住的生活方式。从保障性租赁到市场化长租，从刚需性购房到改善性购房，百姓的安居需求将进一步呈现多元化、梯次性特点。通过由租到购全生命周期居住服务，广泛嵌入居民经济行为和日常生活，将催生全新的金融服务模式。

住房金融未来的发展，也将打通租、购两种居住方案和两类资产循环。通过支持增加租赁住房供给、盘活存量资源、满足居民多元住房需求，将使得金融活水惠及万千大众，推动“租购并举”成为大众普遍接受的居住解决方案，推动住房消费理念从“为我所有”向“为我所居”转变，也让房地产投资回归理性稳定和长期主义。

建设银行在住房租赁“投、贷、管、退”循环探索中走出的一小步，将带动房地产业朝着健康均衡发展迈出一大步。

住房租赁金融服务是一个以互联网思维搭建平台的服务，它的效益来自共享资源的多赢，它让建设银行成为一个面向未来时代的更富有人文情怀的金融服务者。

当然，用住房租赁解决房地产金融风险问题，绝不是一家商业银行就可以做到的。由于住房的特殊性，若是没有相关法律法规的支撑，还是会有很多困难。我们已经看到，相关部委正在逐步出台各种政策，发展住房租赁的条件和环境将越来越好。

继建设银行之后，工商银行、中国银行、农业银行先后推出了住房租赁贷款，布局住房租赁市场。四大行先后与 30 个省市签署了住房租赁市场发展合作协议，意向性贷款金额超过万亿元。

除了大型银行，百度、阿里巴巴、腾讯等科技巨头也纷纷进入。阿里巴巴和杭州市政府联手打造智慧住房租房平台，引入淘宝评价体系、芝麻信用体系。腾讯与深圳市政府启动了深圳市住房租赁交易服务平台，百度推出了租房平台和有钱花租房分期服务。

房地产企业也在大举进军住房租赁市场。全国排名前 30 位的房地产企业中，有 1/3 已涉足长租公寓。

如果利用金融手段的疏导取得成功，使拥有好的居住环境不再成为人民生活中不可承受的重负，那么房地产金融也不会成为不可承受的重大风险。

第六章

共享创造价值

我们这个时代的任何金融中介活动，更广而言之，任何商业活动，都是由投资者、管理层、雇员、供货商、渠道商甚至监管者，通过合同和各类“契约”形成复杂的社会网络关系来进行的。只有当这些复杂的社会关系能够通过社会和经济的架构、成文的法律约定或是其他安排形式（文化、宗教等）增强人与人之间的连接，创造出信任，在家庭、企业、社区，甚至更大的组织里建立起表现为所有权的归属感时，我们这个时代的金融才能够真正创造价值！金融行业不是信息行业，它的最终归宿取决于金融人所持有的价值观。

——刘俏，《我们热爱的金融：重塑我们这个时代的中国金融》

新金融服务的本质是共享

新金融理念下的金融资源共享，坚持以人民为中心发展思想，打破金融与实体经济主体之间的壁垒，引导资源要素在供需个体间以更低的成本、更便捷的方式合理配置，获得新的边际效用和再造价值，促进社会公平正义。

人民银行发布的2022年金融统计数据显示，12月末，广义货币（M2）余额266.43万亿元，本外币贷款余额219.1万亿元，本外币存款余额264.45万亿元，银行间人民币市场以拆借、现券和回购方式合计成交1798.2万亿元，经常项下跨境人民币结算金额为10.51万亿元。庞大的机构、众多的网点、海量的金融交易，让金融机构与社会各方紧密关联，成为经济社会运行天然的数据汇集地。对这些数据宝藏的挖掘利用，成为金融资源共享的重要基础。

为了触达更多用户，让金融资源共享成为可能，建设银行将分散、碎片化的海量原始数据加工转变为数据与业务深度融合，让数据成为共享发展的强大驱动力（见图6-1）。

在传统金融体系下，稀缺性的金融资源调配过度集中，效率较低且不均衡，难以达到帕累托最优，制约着经济高质量发展和共同富裕进程。

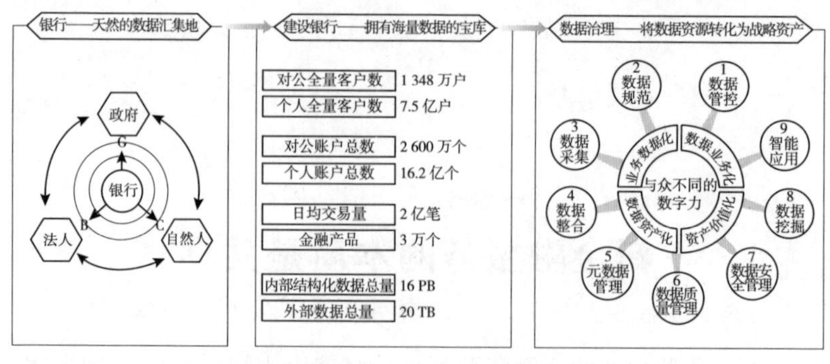

图 6-1 建设银行数据资产示意图

从“二八定律”到“普惠共享”。 金融领域在实践中长期遵循“二八定律”，即服务金字塔顶端的 20%的客户，以获得 80%的收益。这是基于“以资本为中心”的逻辑，造成了 80%的群体难以公平地获得发展要素，一定程度上拉大贫富差距，其后果将由整个社会来承担。与教育、医疗等公共资源一样，金融资源也具有分配的公平性问题，金融资源过度、不当的集中会带来社会矛盾。过去，金融机构重点投向“双大”客户、房地产客户、“铁公基”客户，部分忽视了中小微企业、长尾客户这些普罗大众的金融需求，天平更偏向于利益性，存在“内循环”现象。重修金融“水利工程”，归根结底，就是要借助数字技术，让金融更好地坚守初心，更好地促进金融资源的公平配置。通过大数据和人工智能，综合利用外部征信、税务、工商、内部交易流水数据，形成小微企业的多维全息画像，让贷款更容易、负担也更轻。

从“服务城市”到“服务乡村”。 乡村振兴需要实现金融资源的公平覆盖和有效获取。建设银行利用互联网、大数据等技术，依托金融科技，将存、贷、汇、投等金融产品和政务、民生服务集成在一个小小的科技终端上，让村民就近享受现代金融服务。科技成为实现高质量发展和共同富裕目标的桥梁，有限的金融资源通过科技可以实现更加公平和有效的分配。

从“要住房，找建行”到“要租房，到建行”。 在高房价的大背景下，仅靠政府宏观调控很难直接解决低收入群体、农民工、年轻白领买不起房的问题。建设银行开发了公共租赁住房信息系统和住房租赁平台，帮助政府提高市场监管能力，突破了租房难的瓶颈，让家庭和企业的闲置房屋通过银行共享到社会。通过住房租赁战略，回答了广大群众的优居之问，让建造了城市盛景的新市民和怀揣着炽热梦想的青年人，拥有住起来舒适、用起来智能的新家。

科技赋能同业

在大数据、人工智能、5G、云计算、区块链等新型技术的加持下，加快数字化转型步伐，提升自主可控能力，成为银行业的共识。然而，一些中小银行金融机构由于科技实力不强，资源有限，其金融服务体系需要借助第三方机构搭建。但这样一来，数据和客户就都留在了提供服务的第三方互联网公司。因此，中小银行金融机构补齐数字化短板，亟须可靠力量的支持。

银行本身就是一个大平台，先天具备平台经济的规模优势和渠道优势。银行打造开放式生态系统，以共享复用而非垄断封闭的平台广泛开展对外合作，降低了重复性金融科技投入成本，有利于科技资源在更有价值的地方发挥作用。同时，开放共享加强了同业间的交流，有利于打造行业统一的技术标准，让技术创新紧密契合实践需求，形成可持续的创新和造血能力。

建设银行通过“新一代核心系统”的开发实践及其在银行经营管理上的专业积累，形成了一定的金融信息系统建设的总集成能力，通过核心系统建设、咨询服务和产品输出三类服务赋能行业发展。相比于互联网科技公司，建设银行的科技输出赋能，相当于把自身运行通畅的系统及其背后的业务经验整体输出，可以提供“开箱即用”的方案，可快速提升同业信息技术自主可控和国产化水平，少走技术弯路，保障系统的可靠性，更受同业青睐。

H 银行是一家全国性股份制商业银行，为建设一流的数字化敏捷银行，采用整体引进建设银行“新一代核心系统”的方案加速数字化进程。在建设银行的支持协助下，双方排摸攻关难点，逐个攻克难题，经过两年努力，H 银行成功上线了基于建设银行新一代成果进行产品化改造后形成的整套银行核心业务系统，不仅在建设时间上创造最短纪录，远低于同业打造同类系统 5~8 年的平均时长，而且 520 套系统一次性整体上线，总账核符率 100%，数据迁移准确率 100%。H 银行核心系统的组件化、数字化、智能化重构，让其业务处理能力提升 6.38 倍，卡业务和线上业务每秒处理能力分别提升 23.8 倍和 17.7 倍。

为最大限度地满足银行客户的海量金融服务需求和安全运营，各家银行每年都要在科技开发上投入巨额资金。以建设银行为例，近两年每年都在 200 亿元以上，而中小银行是很难做到的。

大型商业银行在系统开发方面具有规模效率优势，能够集中大量人力、财力、资源高效开发，而中小金融机构、中小企业、基层政府受限于规模和资源，其金融科技基础相对薄弱，科技投入和人才储备不足，金融产品和服务的迭代升级、风险防控能力、管理质效等方面受到制约，如能借用大型金融机构成熟的技术，便能大幅节约巨额研发开支，少走弯路，而且通过科技升级快速提升综合实力。

基于此，建设银行以自身的科技资源向中小银行赋能，让金融科技资源更加可得、易得，促进金融行业科技水平提升，减少整个社会在数字化进程中的重复投入，并在此过程中建立更多触点，获取更多需求，反哺商业银行本身，实现共赢。

2022 年 1 月，中国银保监会发布《关于银行业保险业数字化转型的指导意见》，明确提出“鼓励科技领先的银行保险机构向金融同业输出金融科技产品与服务”的要求，科技成果共享有据可依。这也需要金融机构扛起责任担当，对外赋能，提升共享金融资源的能力。大型银行面向中小同业的科技输出，可助力全行业实现高水平科技自立自强，逐步化解基础设施等关键领域“卡脖子”风险，为金融安全和稳定筑牢保障。

毋庸置疑，科技成果共享能够促进技术能力提升。技术发展永无止境，商业银行技术发展也需要紧跟市场持续提高。如果技术仅为内部服务，不能通过市场评估，技术发展就容易陷入“自娱自乐”的窘境。共享科技成果的一个意义是，将技术放到市场上检验，通过竞争压力促进与市场最先进的技术公司对标，不断提升技术能力，从而获得市场竞争优势。

建信金科公司作为建设银行对外科技输出的实施主体，赋能金融机构等客户，输出产品和服务包括核心系统建设、单一产品输出、数字化转型咨询服务以及数字化运营服务等。关键优势之一就是"新一代核心系统"，这是建设银行历时6年打造的金融科技系统，实现了信息系统的颠覆性重构，从流程、数据、产品、体验四大维度，以及产品管理、产品运营、客户关系管理、渠道管理、业务支持、报告与决策、风险管理及内控合规八大业务领域，自主搭建了银行业务新架构。依托"新一代"IT架构，建设银行实现了从单一的自身业务保障向"搭建平台、培育生态、赋能社会"的跨越，金融科技发展全面进入快车道，科技硬核实力获得较大提升（见图6-2）。

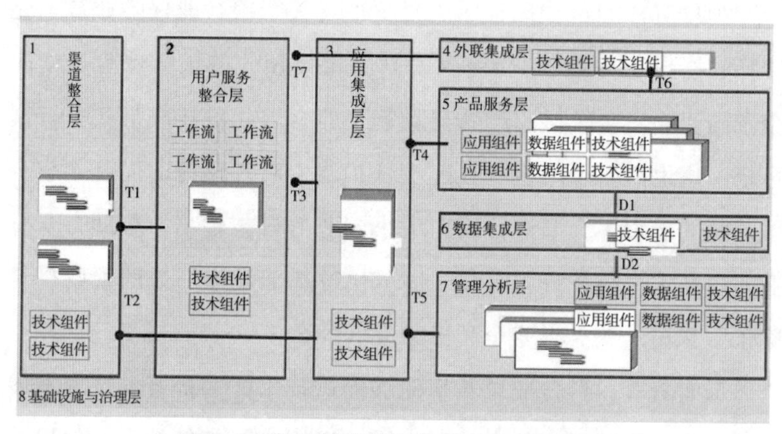

图6-2　建设银行企业级IT架构总体视图

注：7+1层架构的特点是松耦合，实现渠道与流程、应用与数据、产品操作型和管理分析型处理的分离。

"新一代核心系统"不是局限于原有系统的简单修补，而是站在企业级的视角，推动业务与技术进行全面转型，形成"以客户为中心""以企业级架构为核心""以企业级业务模型为驱动"理念的一次企业级业务流程再造。转型前，建设银行各业务部门总共有几十套系统在运转，是舰队式的作战方式，流程漫长、数据难共享。转型后，打通了系统级、部门级、分行级的壁垒，实现了航母式的企业级能力，为推进金融科技战略和科技成果共享奠定了坚实的基础。

建设银行总结通用评分研发经验、风险管理技能积淀和业务实践经验，应用高级统计分析方法和机器学习技术，打造“智”系列和“信”系列等智能风控工具产品。产品应用贯穿信贷全生命周期，包括客户预筛选和精准营销（风险分层）、审批决策、贷后预警、贷后管理、交叉销售和早期催收等，助力机构提升优选客户的预测和服务能力，以及数智化风险管理的能力，协助金融机构建设全流程数智化风险管理体系。目前已有 60 多套可输出的评分产品，覆盖零售和普惠信贷业务，与解决方案、智能决策引擎等一起对外输出，累计服务客户超过千家，调用 140 亿余笔。

建信金科公司总裁雷鸣说：“目前，国内金融业普遍存在同质同类系统重复建设的现象，不少金融机构的信息系统无法满足移动化、数字化的效率要求，尤其是很多中小银行，更是面临着数字化转型认知不足、定位模糊、系统建设水平不高、投入产出不平衡等困境。我们依托建设银行对金融业务的深刻理解、庞大的营销网络以及众多的业务场景，通过产品服务、咨询顾问和整体解决方案等输出模式，切实有效地帮助同业金融机构解决难题。通过输出大行科技实力，打造同业合作平台，将轻量级、可定制、可组合、类型丰富的金融科技产品以云服务模式对外输出，并支持同业客户自有系统的接入与集成。

“在互联网对整个金融业、银行业带来巨大冲击和金融业自主可控迫在眉睫的大背景之下，我们不只要解决银行应用的问题，还要解决技术自主可控的问题。我们的科技输出基于建设银行新一代信息技术，自带信息技术应用创新解决方案，能够补齐同业机构在当前系统遗留问题、技术能力储备、产品适配能力等方面的短板，快速提升信息技术自主可控和国产化水平，使客户少走技术弯路，减少验证成本，降低实施风险，保障系统的可靠性。

“另外，我们的一个重要使命是以数字技术修建国家的金融基础设施，兴修‘金融水利工程’，让金融之水能够顺畅地流入实体经济的田间地头。这些需要对系统能力的全面提升，以及对业务的深入理解，去重构传统银行识别客户和判断客户的价值标准和方法手段。这是总行赋予建信金科公司的一个使命，也是新金融赋予我们的使命。同时，通过对外赋能，也让各其他中小金融机构都尽快具备这个能力。”

劳动者港湾

数字化浪潮风起云涌，技术的演进延展了革新与便利。对于银行业来说，手机银行实际上已成为现代银行新的“门店”，网点服务客流量逐年下降，业务离柜率节节攀升，人们似乎已很难想起上一次走进银行是什么时候。根据中国银行业协会发布的相关数据，银行业电子渠道的分流早已超过 90%，近 3 年就有近 1 万家网点关闭。新冠肺炎疫情防控期间，早已门庭冷落的网点再次遭到重击，银行网点逐渐陷入一种尴尬境地：装修越来越大气，设备越来越智能，但到网点的客户越来越少。往日的服务模式逐渐没落过气，行业提出了数十万银行网点如何转型的叩问。

与银行网点内的冷清萧条并存的，是城市街角广大劳动者对一个舒适休息空间的渴望。他们是城市的建设者、守护者、美容师……参与缔造了城市盛景与经济奇迹，但总是隐匿在不为人知的街角。银行业开放固有的物理空间共享资源，把冷清的网点变身热闹的“劳动者港湾”，以一杯水的温暖、一顿饭的关怀，让平凡的劳动者在步履匆匆的时代拥有一处可以歇脚、休息的温暖港湾，唤醒城市街角的温情。转变思路和视角，“劳动者港湾”成为银行业融入大众生活日常，扩展自身服务边界的契机。

“以前也不是找不到地方打热水，但免不了打扰人家，一次两次还好，多了就不好意思再去了，”长沙市芙蓉区的交通协管员崔大哥朴实地说道，“可在‘劳动者港湾’真不一样，你能真的感觉到他们是欢迎你来，我真正感受到自在、自由、被尊重!”崔大哥的踟蹰和迟疑，在工作人员的一句“您辛苦了，进来喝口水吧”中被暖化和消融。从最初的徘徊疑虑，到如今的习以为常，建设银行“劳动者港湾”带给崔大哥等城市劳动者的，不仅是喝水歇脚的场所，更是被设定为“默认”的接纳和尊重。

对银行来说，开设“劳动者港湾”不仅解决了对劳动者的关爱和温暖的传递，也解决了银行面临的实际问题。全国金融机构的网点分布几乎没有任何商业机构可以比肩。当前，全国银行业网点达 22 万余个，各类金融机构网点总数约百万以上，仅建设银行就达 14 000 余个，覆盖全国大部分地区，这些网点都是社会资源的重要组成部分。在银行线上服务替代率已达 90%以上的今天，实体营业网点的一般性业务办理功能逐渐弱化，但前期投入成本巨大，如何让网点功能得到发挥，解决网点空置化的难题，就需要我们站在为社会扩大公共服务和共享金融资源的视角进行思考。

“劳动者港湾”将营业网点打造为面向普通劳动者的公共服务设施，聚集了人气。城市中辛苦工作着的环卫工人、外卖骑手、快递员、出租车司机，为城市提供着不可或缺的基础服务，却常常在寻找合适的地方歇脚、如厕、喝水、给手机充电、热饭等方面遭遇尴尬。劳动者这些需求，恰恰与银行网点的资源特点有高度的契合。银行网点往往选址优良、设施便捷，在情感交互、社区连接等方面的作用越来越重要。

总结基层行的实践，建设银行从 2018 年 7 月起在全国范围内打造标准化“劳动者港湾”。根据高频需求，统一提供饮水机、休息桌椅、Wi-Fi、手机充电器、图书、老花镜、雨具、急救箱等设施。有条件的网点还开放了卫生间，提供母婴室、婴儿车、微波炉等，让劳动者“累了能歇脚，渴了能喝水，没电能充电，饭凉能加热”。截至 2022 年 12 月末，建设银行“劳动者港湾”已经对外开放了近 1.4 万个网点。

除提供硬件设施之外，建设银行还围绕“劳动者港湾”建设了线上线下便民服务生态。一方面，针对性地结合场景，提供走失儿童关怀、方言服务、失物招领、普惠金融知识宣传等服务；另一方面，同步推出了“劳动者港湾”App，实现附近港湾精准定位和智能导航等功能，让“劳动者港湾”将服务向线上延伸，成为新的服务平台。2021 年 1 月，中国职工发展基金会与建设银行正式启动“劳动者驿站（港湾）”公益行动，推出“爱心水”“温馨包”“善企捐”等项目，开通公益项目捐赠平台。

“劳动者港湾”成为首家被全国总工会授予“户外劳动者服务站点”的共建品牌，诸多企业和社团积极响应参与，同道者越来越多。

创业者港湾

一直以来，对于初创型科创企业的金融支持主要集中在私募、风险投资等创投机构。然而，创投机构也存在数量少、价格高、追求快速实现高额回报、会稀释创始人股权，甚至影响创始团队的经营、决策效率等问题。而银行的传统信贷模式，很难为初创者提供满足其发展需求的综合服务，归根结底在于，传统金融供给模式与需求之间的五大错配。

一是行业认知的错配。传统金融擅长服务基建行业、制造业等领域，但对科创企业技术路线、行业前景、发展阶段认知尚处于探索阶段。

二是评价体系的错配。传统贷款模式及评价指标往往是基于财务指标或者抵押物，而科创企业往往是轻资产运营，抵押物少，同时研发、投入周期长，盈利难以即时兑现。

三是贷款期限的错配。相比传统金融机构的贷款期限来说，科创企业更渴望长期稳定的资金支持，这样才能心无旁骛地专注于技术攻坚与企业经营。

四是风险收益的错配。银行贷款的性质是债权，收益是利息，但科创企业实现收益最大化的主要方式是上市。银行贷款承担较高风险，却难以分享企业成长后的收益。

五是单一金融供给与多元企业需求的错配。中小科创企业的需求除了资金，还有人才、客户、渠道等众多方面，而传统金融供给仅关注融资问题。

为解决传统金融供给与中小科创企业发展需求众多错配的痛点，建设银行率先在深圳打造了“创业者港湾”科创企业综合孵化模式。建设银行与政府部门、创投公司、核心企业、科研院所、孵化机构等平台合作，以金融为基，打造专注服务中小科创企业的平台。“创业者港湾”有物理场所也有线上平台，为创业者提供创业孵化、信贷融资、创投服务、辅导培训和产业对接等服务。

“创业者港湾”：打造“金融+孵化+产业+辅导”一站式服务

“创业者港湾”的功能不只局限于金融服务，而是打造开放共享、合作创新的新生态、新舞台，实现银行和社会各界的多方赋能、互利共赢。依托线上平台及线下服务实体，建立了“4+3+1+N”的服务机制。“4”即连接政府部门、产业园区、高校院所、创投机构等四方智力资源；“3+1”即依托旗舰店、联盟店、服务点三类线下服务实体，建设一个“创业者港湾”线上云平台；“N”即依托各地政府部门、产业园区、孵化机构等智力资源，对接多种专业化服务。

旗舰店联合政府部门、产业园区、高校院所、创投机构等，连接众多合作伙伴，形成孵化生态圈。该模式集聚多方资源，构建了较为完备的企业入湾、选拔、成长、毕业服务流程，向优质创新创业企业提供全面综合服务。港湾设计有孵化区、展厅、入湾企业产品展示、路演、休闲等多功能区域，为港湾服务企业进一步发展提供保障。

建设银行在深圳市的南山区、福田区、宝安区、罗湖区和龙岗区设有5个孵化基地，为企业提供办公物理空间，降低经营成本，同时帮助银行近距离了解企业。入孵企业享有银行提供的一整套孵化支持，包括低租金的办公空间、撮合平台带来的产业对接、推荐参加各项创赛路演、联合国际先进孵化机构提供的孵化加速服务、银行组织的各级媒体报道宣传和公司产品展示推广等。

联盟店与园区、政府、院所、创投等各方合作，连接创业领域的各类资源，搭建合作平台，依托园区物理空间和运营优势、政府政策及信息资源优势、大专院校的金融教育优势、创投机构的资金和专业优势，开展个性化、定制化的服务与品牌宣传推广。

高校拥有众多的创新资源，建设银行与中南财经政法大学共同打造了“创业者港湾”联盟店，落地于中南财经政法大学大学生素质教育中心。双方整合金融和高校优势资源，聚焦人工智能、“互联网+”、生物医药、文化创意、光电子信息等行业领域，全方位、多层次、宽领域服务科技创新和产业发展主体，解决其在创新技术和经营管理等方面的难题，为学校创新创业人才培养、创新成果转化和创业项目孵化提供服务。

服务点复用建设银行营业网点、私人银行中心等物理场所及渠道设施，选择在创业园区周边、创业客群周边，为创业者提供基础性的日常业务，包括代理工商、税务以及一般性的培训服务、信贷融资等，降低创业难度。

“创业者港湾”搭建开放共享的交流平台，聚合产、学、研、金、服、用各方资源，提供智能撮合、商机推介服务，促进供需合作、精准匹配。在线下，建设银行借助参与中国国际进口博览会、中国国际智能产业博览会、中国国际服务贸易交易会等大型博览会契机，向主办方积极推荐入湾企业优势产品和研发成果。同时，聚合合作对象资源，通过企业交流会、产业对接会、推介会、创业者沙龙等形式，促进创新创业企业间的交流与合作。在线上，运用"建融智合"等综合服务平台，为入湾企业提供信息发布、需求撮合、商机推荐，实现企业需求和产品供给的有效匹配。

"创业者港湾"根据入湾企业所处种子期、初创期、成长期、成熟期等不同发展阶段，制定差异化服务策略，提供全周期金融产品和多元化资金支持。

政务服务大厅

现代治理的基础是数据，数据开放、治理和应用能力的现代化是实现国家治理体系和治理能力现代化的重要方面。数据治国将是未来发展趋势，数据文明将是新的文明形态。"治"从词源上来看源于"水"，水善利万物而不争。金融如水，通过融合资源、汇合诉求、聚合能量，可以在助力数字治理中发挥独特作用。国有商业银行作为大型金融机构，拥有海量的数据，有着天然的数字治理能力。金融机构发挥连接供需、汇集信息、优化资源配置的平台作用，与政府、公共服务等平台双向打通，能够迅速传输和集聚社会治理所需的各类数据信息，助力决策者"运筹帷幄之中，决胜千里之外”，服务百姓便利化生活，成为数字政府建设、治理体系和治理能力现代化的重要参与者。

“过去开办企业要回到本地，经历注册登记、发票申领、印章刻制、社保登记、银行预约开户5个环节，交35份材料，全部办完少则1周，多则1个月。现在我人在外地，只需在手机上的小程序里提交材料就可申请办理。”这是一位刚办理好注册登记的企业负责人的亲身经历。顺应国家治理体系和治理能力现代化发展需求，建设银行推出“智慧政务”服务，依托科技和资源优势支持和协助政府提升数字化服务能力，推进数据信息共享，在“优政、惠民、兴企”中助力政府决策科学化、社会治理精准化、公共服务高效化。

为推动政务服务事项“跨省通办”，切实解决企业和群众异地办事面临的“多地跑”“折返跑”，建设银行河南省安阳市分行在2017年帮助当地政府搭建政府服务平台时，将商业银行网点直接办成了“政务大厅”，受到当地群众和政府部门的好评。而这个经验则迅速被建设银行云南省分行在全辖复制，在当地政府领导的支持下，成为解决人民群众对政务服务迫切诉求的成功案例。

在上海市的“跨省通办”工作中，建设银行充分发挥金融科技优势，利用各省市建设银行与当地政府已实现“银行网点办政务”的良好基础，由各地建设银行对接当地政务服务部门，将政务服务事项经过系统标准化改造后，通过总行智慧政务平台输出上海市分行网点自助设备，利用市场力量和灵活优势，从而实现上海市分行网点“跨省通办”全覆盖，有效打破横向区域边界和纵向层级壁垒，助力“打通政务服务最后一公里”，加速推进国家智慧政务建设进程。

截至2022年年末，建设银行上海市分行的所有网点均可提供办理、预约、查询等“跨省通办”政务服务，已实现2 378项跨省通办事项上海本地办理，其中，查询类1 330项、办理类106项、打印类942项，为市民提供各类政务相关信息的查询以及异地申请、登记、变更等在线办理政务事项服务，解决外省在沪人员各类资质证明及明细信息打印需求。其中，医保个人信息查询、社保卡激活等社保类服务事项格外受到市民欢迎。

银行办理业务的营业网点，与政府部门用于政务服务的办事大厅有着很多相似之处，银行网点可以改造成为政府部门办事渠道的补充。一方面，银行网点遍布大街小巷、深入居民社区，承接政务服务后，群众可以更方便地就近办理，缓解政府政务办理渠道的压力。另一方面，商业银行成熟的品质化、标准化服务，可以提升群众政务办理体验，让百姓更满意。

国家和各省政务服务“一网通办”“跨省通办”等工作，在建设银行全国的1.4万个网点可办、可查、可预约，超过了8 000余个政务事项。通过平台外嵌延伸的方式，系统性、网络化推进各类渠道与政务平台的互联互通，通过网点的智慧柜员机（STM）、手机App等渠道，“线上+线下”全渠道、全方位、全区域为企业和群众提供“随手办”“就近办”“一地办”服务。

部分政务“跨省通办”有效打破了地域限制，让市民不仅可以办身边事，还可以办家乡事。通过提供房产证明、婚育、养老等政务服务事项的查询办理，让新市民不用“不远千里来办证”，推动社保、医保、公积金等与新市民关联度较高的政务事项跨省通办，助力落实“马上办、网上办、一地办”的百姓期待。

在数字化时代，共享思维改变了商业银行网点的实际功能，让多种服务在这里得到延伸，不仅盘活了海量渠道成本，也为银行服务注入了新活力。

商业银行具备多元化助力数字政府发展的有利条件。在现代科技赋能的加持下，平台、圈链等互联网思维构造了新型金融形态，全方位提升了金融跨业、跨界服务能力。大型商业银行围绕金融科技的应用，在系统互联、科技赋能、安全保密等方面积累了大量实践经验，有能力支持政府做好系统平台搭建、关键技术创新、政银服务融合等工作，协助提升政府治理能力。

数字政府的快速发展和整个社会数字化进程的不断加快，让公共服务和社会服务等领域的政府、事业单位、社会团体和个人的金融服务需求发生了根本变化。如，过去在机构业务中，一些财政账户、事业单位账户对商业银行存款贡献很大，数字政府的建设使收付体系更为高效和集中，以往一些存款大户成为“零余额”账户。政务平台统一之后，一些机构如地方住建部门、公积金部门不再设立自己的系统，过去围绕垂直领域系统的银行业务也将随之消失。数字政府带动金融需求快速变革，商业银行必须紧跟数字政府的发展趋势，依靠平台化、数字化把握住市场业态的新变化，才能找到公共服务及相关领域银行业务的新路径。发挥科技和资源优势，投身于支持政府数字化建设的浪潮之中，是商业银行更深入、更源头地把握数字政府发展趋势的可行举措。

没有围墙的“大学”

金融本源和初心的回归之路，绝非金融机构单枪匹马、孤军作战所能成就。未来的组织和个人都是万物互联中的一个节点，联网才能整合资源、携手并进，断网就会孤舟难行、事倍功半。当银行沿着“以人民为中心”的理念，走出自身框架，想要越来越主动地发挥作用、承担更多社会责任时，我们发现，一些社会痛点问题仅靠自己的智慧和方案还远远不够。与此同时，一些同样想解决这些难题的社会机构、高校、企业也在苦苦找寻合作伙伴。

在共同的愿景和目标之下，银行走出金融街，跟科研院所、大专院校结合，共同研究、共同面对鲜活的金融案例。“大学”走到普罗大众中去，推动新金融与教育深度融合，让更多的人了解并学会使用金融工具，让新金融“甜水”如涓涓细流，融入老百姓的日常生活中，随拿随用，应享尽享。在这样的时代背景下，建设一所没有围墙的“大学”和产教融合联盟成为理所当然的必由之路。

“培训给我们的触动很大，对如何借力‘政银合作’，加快县里的经济发展，大家有了很多新的思路。”江苏省丰县数据中心方主任参加完建设银行“裕农学堂”公开课后感叹道。江苏安迪泰机车制造有限公司杨董事长更是心直口快：“这次我参加了‘裕农学堂’的公开课，对企业如何面对不确定性有了更清晰的认识，也更清楚方便地了解了建设银行的金融产品。真心希望建行的培训能够走进车间，像银行开晨会一样在班前或中间的休息时间，集中播放金融产品的培训短片，让工人通过手机学习金融理财知识成为日常。”在江苏丰县，建设银行以“裕农学堂”为载体，通过远程授课、现场教学等多种方式，将丰富的教育资源送到广袤乡村，开启了乡村赋能“加速度”。

深化产教融合，促进教育链、人才链与产业链、创新链有机衔接，是国家教育改革和人才开发的重要战略性举措。全国金融从业人员超过800万人，他们专业知识丰富、解决实际问题能力强，这笔巨大资源属于全社会。新金融行动要在产业端、创新端，借助“大平台、大舞台”连通教育端、人才端，促进产学研一体，传播新金融理念，培育新金融人才，研究新金融方向，营造新金融生态。在此背景下，建设银行研修中心（研究院）应运而生。

“开门办大学”

对金融工作者而言，当走出金融街，来到一所所因承载着不同历史而呈现其独特研究文化的院校，开始与专家学者一起思考时；当不同年龄的银行员工回到他们曾经熟悉而又一直怀念的校园为充电学习而兴奋时；当带着困惑的创业者走进学校与专家和银行员工一起探索解决难点问题的方案时，大家共同相信，“开门办大学”的路走对了。封闭在自己的圈子里百思不得其解的问题，与外界的思想碰撞一下，也许就有了新的答案。有时候习惯和思维定式像一条无形的绳索，牢牢地把人圈在了那里，挣脱它，就是一片让人兴奋和期待的新天地。

2018年年末，建设银行将全行教育培训资源予以企业级整合，成立建设银行研修中心（研究院），与国内外数十家高等院校签署产教融合协议，开展金融业务、人才培养、教学科研等全方位战略合作。组织力就是战斗力，经过4年建设，这一连通“四链”的“大平台、大舞台”效果开始显现出来。

“金智惠民”工程

“金智惠民”工程是建设银行对原本分散组织、零散进行的金融教育活动进行统筹组织和集中指导，围绕当前社会热点问题和公众关心的痛点、难点问题，开展多层次、多形式的金融普及和实用知识培训，共享优质教育资源，提升公众金融素养，逐步在全社会引导树立现代金融意识。

“金智惠民”工程以普惠金融客群为主要目标受众，重点为小微企业主、个体工商户、“双创”人群等经营者，还有城镇工薪家庭，以及扶贫对象、涉农群体、基层帮扶干部等提供以金融知识为主的公益普惠培训。实事、实惠、实在、实用是“金智惠民”工程的四驱，以共享之心“送教上门”，打造连接客户、服务大众、赋能社会的新生态。从2018年至2022年，“金智惠民”工程已在全国累计开展培训活动6.4万期次，惠及551万人次。

“金智惠民”工程提供开放式、精准化的金融培训内容，不仅帮助学习者提升金融理念、信用意识、经营管理能力，做到“学有所用”，也为拓展新金融业务场景生态提供了更多可能。在山东省，建设银行与女企业家商会合作，定期举办“金智惠民——民营企业家财富讲堂”，邀请专家、教授面向山东省各地市优秀女性企业家、女性社会活动家、女性经理人“充电补课”，讲解经济政策信息，开展法律、税务等知识普及，为商会会员企业量身提供六大服务计划，启动“雏凤·女商精英培扶计划”创业扶持计划。

“裕农学堂”

乡村人才振兴是我国乡村振兴战略的五大目标之一，乡村教育关系到国家乡村振兴大计。建设银行依托具备条件的乡村中小学、党群服务中心、乡村医疗服务站、裕农通服务点等乡村既有基础设施，通过课件共享、场所共享、管理共享的方式，将“裕农学堂”打造成为乡村地区传播金融知识的重要阵地和提供智慧服务的生活触点，链接乡村金融服务生态。截至 2022 年年末，建设银行已在全国范围内建设“裕农学堂”3 167 家。

“裕农学堂”的教学范围并不局限于金融知识，基层党建、农业生产等乡村亟须的领域也是开展活动的重点。在湖南省韶山市，建设银行联合地方党委组织部门，设立“裕农学堂—党建学堂”，开创基层党员教育与党建宣传引导的新模式，面向流动党员、村支两委代表、退伍军人等，开展党建及乡村振兴培训，服务地方思想道德建设和公共文化建设。在贵州省，建设银行与贵州大学 12 个农村产业团队深度对接，邀请知名农业专家教授走进田间地头，现场给农民指导农作物栽培，开展“裕农学堂”专题培训 201 期，惠及村民 2 万余人。

自 2019 年起，建设银行连续 4 年开展“万名学子暑期下乡”实践活动，联合众多高校、企业，带动青年学子深入乡村“裕农学堂”等公益活动场所，亲身参与学堂授课、社会调研、留守儿童帮扶等公益实践项目，在乡野大地为高校青年搭建了解国家发展、锤炼奋斗精神的平台，象牙塔中的学子对乡村和银行金融的理解更加立体，对未来走入社会后投身祖国的建设事业有了更多期待和准备。

新金融人才产教融合联盟

产教融合的落脚点在于校企合作，通过学校教育教学过程与企业生产过程的对接，校企双方将教育教学、生产劳动、素质培养、技能提升、科技研发、经营管理和社会服务融为一体，以对接产业发展为先导，以系统培养技术技能为基础，强化实践教育，开展合作育人，加强成果转化。

围绕产教融合，建设银行与各方参与者以创新为生产力，深入开展校企间深层次合作。一是通过孵化平台、实验室、创新大赛等载体实现产学研一体化，助推创新驱动，加强成果转化；二是健全银校联合专业学科培养，优化完善各类行业认证体系，着力人才培养，开拓育才通道；三是通过共建学院、产教融合实训基地、教研中心等平台建设，将技术型、应用型人才融汇于产学研用的舞台，让新金融“融合融智融通”。建设银行联合中国银行业协会、香港科技大学、深圳大学共同发起推出“金融科技师”认证培训已成为金字招牌，正在批量打造复合型新金融人才。同时，联合西安交大、华南理工等高校共同举办金融科技菁英班，共同开启一流大学与一流国企联合培养菁英人才的新模式。

多区域布局合作。建设银行与合作高校建立起华北、华中、华南、西南、西北和大湾区研修院，共同开展针对建设银行内部的培训和面向社会的“金智惠民”工程。围绕系统性风险、乡村振兴等重大课题与高校合作建立一系列教研机构，开展合作课题研究。

融通四海，合纳百川。2018 年，建设银行发起新金融人才产教融合联盟，以“产学研用深度融合”为核心目标，主动融入社会治理和大众生活。新金融人才产教融合联盟已发展成为包括政府机构、境内外高校、创新型企业等单位的智力资源聚合体。联盟打破金融、教育、科技、产业间的发展壁垒，活化各方资源，促进新金融产教要素双向转化。联盟与建设银行联合主办“新金融·建未来”创新马拉松大赛等创新赛事，并为参与赛事的创新创业团队和企业提供交流、赋能、成长等全链条服务，构建综合孵化新生态。

“建行学习”平台

“建行学习”平台是建设银行打造的具有社会价值和影响力的数字学习平台，让不同年龄、地域、职业的国民都可以共享云端智力资源、拥有终身学习机会，着力营造“人人努力成才、人人皆可成才、人人尽展其才”的良好环境。

学习平台统筹“学、教、智、知、网”5 项要素，以新模式打造现代企业学习新业态，作为集“员工学习、教学管理、智能运营、知识储备、服务社会”等职能于一体的大型数字化学习平台，面向社会公众开放——从国家战略解读到市场热点研析，从技能培养到人文艺术熏陶，丰富的学习资源以更为开放的姿态打破时空局限，进一步拓展了学习的场景和空间，让学习更加便捷（见图 6-3）。

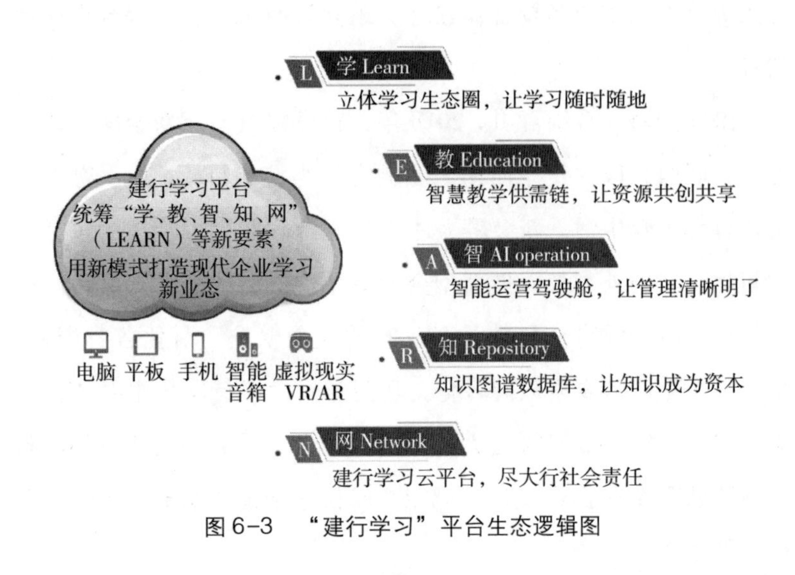

图 6-3 “建行学习”平台生态逻辑图

截至 2022 年年末，平台访问量近 10.6 亿人次（见图 6-4），累计学习时长 6 312 万小时，积累学习资源总量近 10 万个，其中课程近 4.4 万个，直播近 3 万场，专题班近 3 500 个，考试近 2 万场——数字的背后是“开门办学”的决心和能力，是无数村民、小企业主、乡镇扶贫干部和建设银行员工走进云端的课堂，是一个个全天候泛在的学习生态。

建设银行在面向社会开放学习平台的同时，也延伸了自己的综合服务触角。海量用户登录平台，丰富了对建设银行产品和服务的多层次认识和体验，也有利于各行各业的志同道合者一起共建“开放边界、彼此加持、互动生长、共创价值”的命运共同体。

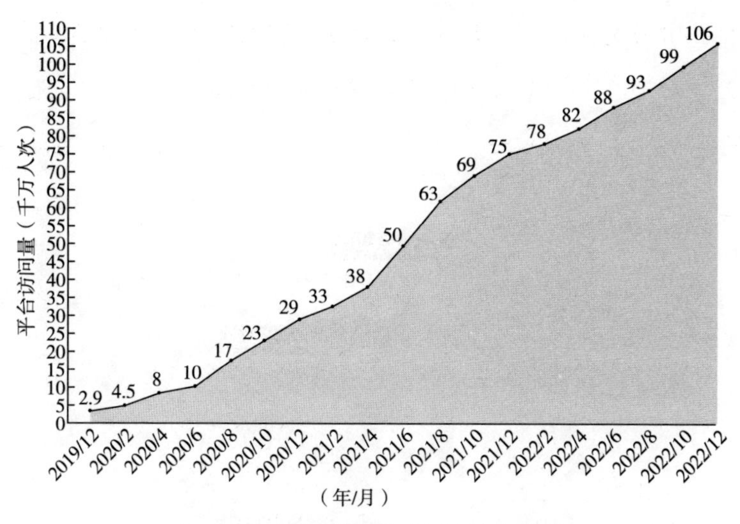

图 6-4 “建行学习”平台访问量数据

第七章

金融通，全球通

平坦的世界给我们每个人带来了新的机会、新的挑战、新的合作伙伴，也带来了新的危险……正如问题是在全球化中产生一样，解决方法也要全球化给予。

——托马斯·弗里德曼，《世界是平的：21世纪简史》

“全球撮合家”

在全球化的今天，国际贸易中仍然存在着中小企业信息不对称、沟通成本高的实际问题，也因此导致全球化在一定程度上助长了大企业垄断的负面效果。如何帮助企业触达全球信息、技术和市场，促进全球资源共享和国际经贸合作，成为新金融探索的一个方向。

借助于金融科技的技术支持，从解决跨境交易场景中信息不对称和交易成本高的痛点和难点出发，建设银行整合多方资源，于 2019 年年底推出中国银行业首个 B2B 跨境智能撮合平台——“建行全球撮合家”，以“科技+数据”搭建开放共享生态，旨在解决跨境交易中沟通难、获单难、融资难、流通难等问题，致力于服务全球中小企业客户国际贸易和跨境投资，助力全球产业链供应链畅通。

国际贸易的信息不对称性表现在事前和事后两方面。事前会导致逆向选择问题，表现为买方可能抓住厂商对海外市场情况不熟悉的弱点，伪造信用单据，或利用虚拟公司名义进行欺诈；卖方可能利用一国或国际经济形势发生根本性变化，以不可抗拒为由，拒绝承担责任。事后则会带来道德风险问题，表现为买方可能谎报收货情况、暂不付款、恶意退货；卖方可能以次充好，以不符合约定的条件交货。贸易背景信息不充分、合同执行不力、谈判周期拉长和成本压力都使得中小企业国际贸易的开展存在多重困难。

与传统银行所扮演的支付中介和信用中介的角色不同，“建行全球撮合家”平台主动将客户的营销环节前移，银行扮演信息中介的角色，依托建设银行全球布局和金融科技的优势，应用大数据、人工智能、云计算等技术，对跨境交易场景下的海量数据，从供给和需求的角度进行精准匹配和智能推送，为境内外企业提供需求发布、供求对接、交易撮合和跨境资讯等服务。

平台通过为企业跨境贸易、投资、项目和园区招商规划等提供信息发布、需求撮合、商机推荐等服务，再结合线下活动聚焦某个主题或某个区域，更有针对性地高水平撮合对接境内外企业，最终促成合约的签订。同时依托建设银行跨时区、多币种、集团全牌照的专业优势，为成功撮合的企业配套提供包括支付、结算、汇兑、融资在内的全方位、一揽子、综合化金融解决方案，切实满足企业的跨境金融需求，成为跨境交易中连通市场、客户、资金、信息等多种商业要素的桥梁。

2021 年 5 月，山西省临汾市晋之源农业开发有限公司受邀参加了“建行全球撮合家”平台举办的“中部六省—匈牙利跨境撮合及跨境人民币推介会暨第二届中国—匈牙利地方合作机制会议”。会上，该公司对匈牙利多瑙河公司提供的优质彩椒种子表现出极大兴趣，希望可以把匈牙利优质彩椒种子引进中国山西推广种植。建设银行山西省分行得知情况后，组织中匈双方公司通过“建行全球撮合家”平台进行“一对一”线上洽谈。同时，平台与建设银行欧洲匈牙利分行加强联动，持续跟进双方的洽谈进展，在中欧交易习惯、经营理念、进口细节、通关事宜等方面详细对接，形成一套明晰完备的种子进口贸易合作方案。

经过努力，这批匈牙利彩椒种子顺利完成海关清关，经过山西省农业农村厅、海关等相关部门实地考察检测后，由晋之源农业开发有限公司择机进行试种。不久的将来，适合中国百姓口味的匈牙利优质彩椒品种将在中国市场精彩亮相，丰富百姓菜篮子，鼓足企业钱袋子。

为方便国内外用户使用，“建行全球撮合家”平台设有中文网站和英文网站，以及“一带一路”“粤港澳大湾区”“中欧班列”“跨境招商引资”“境外机构投资者”等特色专区，一站式展示商机资源、营商环境、政策解读、新闻资讯和金融服务。平台以数字化支持大湾区建设，促进中欧班列沿线商贸和服务高效对接，助力地方政府在高水平对外开放中引资引智，便利境外投资者参与中国资本市场。同时，平台创新推出了数字会展、活动大厅、委托参展、远程观展等服务，逐步构建境内境外布局、线上线下融合、金融与非金融联通的全球化、智能化和综合化的跨境生态圈。

“建行全球撮合家”平台功能持续丰富，用户规模快速扩大。到 2022 年年末，注册企业用户超 23 万家（见图 7-1），累计发布商机 18 万余条，接入 20 个省市国际贸易“单一窗口”及 20 余个公共服务平台，与日本贸易振兴机构、马来西亚“单一窗口”等 8 个境内外平台实现双向互联。同时，聚焦“绿色、普惠、创新、科技”等重点主题，扩大服务覆盖面，已为 35 个国家和地区举办

210 多场数字展会和跨境对接活动，助力 1.7 万余家企业实现云展览、云洽谈。此外，还先后为中国进出口商品交易会、中国国际消费品博览会、中国中部投资贸易博览会、中国—中东欧国家博览会、中国—东盟博览会、中非经贸博览会等大型展会提供综合服务方案。

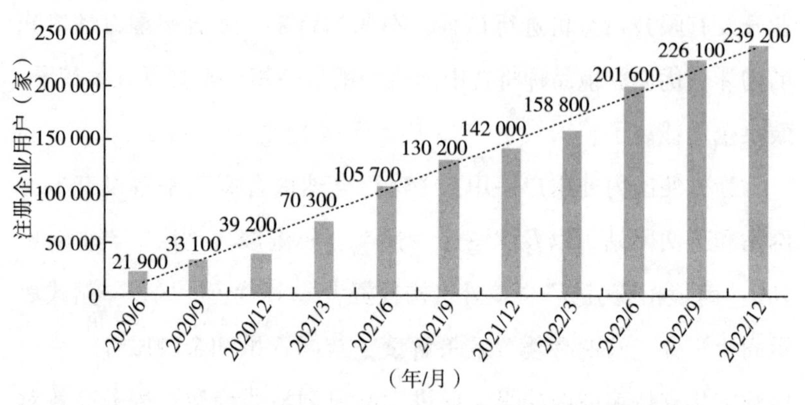

图 7-1 “建行全球撮合家”平台注册企业用户数增长情况

新技术革命也在催生国际贸易方式的变革，提升生产者和消费者之间端到端的互联水平，个性化的需求模式需要借助于以跨境电子商务为核心的联结模式，实现加工制造和研发设计、营销服务的结合，促进研发平台、营销平台、信息平台与中小企业的网络连接。由此，以跨境大型零售商为核心的贸易模式，将逐渐被生产者和消费者联系更为直接的跨境电子商务所取代。尽管目前的采购模式仍是国外大型采购商主导，但随着跨境电子商务快速发展，未来依托电子商务平台连接整个生产与供应链体系的跨境贸易将成为全球贸易的主要模式。

2021 年 10 月，加拿大多伦多市某商超集团需采购可降解方便袋、纸杯等产品，中国相关企业在生产成本和产品质量方面有优势，该商超便委托建设银行多伦多市分行在“建行全球撮合家”平台发布直采信息，寻找供应商。建设银行山东省分行从平台获悉需求后，经过对相关企业在产能、技术、质量等方面的认真筛选，确定了山东斯达克生物降解科技有限公司作为候选供应商。建设银行山东省分行和多伦多分行密切联动，邀请供需双方进行线上洽谈对接。在帮助双方有效沟通的基础上，为消除买方顾虑，山东省分行还专门派员赴企业现场考察，通过视频向采购商实时反馈产品情况，提供第一手可靠信息。经过反复比较和长达 3 个月的艰难谈判，多伦多买家于 2022 年 1 月确定斯达克公司为其全球唯一长期供应商。该笔撮合帮助斯达克公司在 2022 年 1 月实现出口量达 2021 年全年出口量的 3.5 倍。

2022 年以来，欧洲能源价格大幅上涨，各国加速向可再生能源转型，欧洲市场对光伏设备的需求快速增长，为国内光伏企业“走出去”提供了市场机遇。在 2022 年 5 月举办的“2022 年波兰国际再生能源光伏产业博览会”上，建设银行（欧洲）华沙分行主动作为，依托“建行全球撮合家”平台创新推出境外“委托参展”新模式，协助 17 家中国优质光伏企业“云亮相”。展会期间，华沙分行共接待来自波兰本地以及德国、西班牙、爱尔兰、捷克、斯洛伐克、斯洛文尼亚、罗马尼亚等欧洲各国的采购商 150 余家，其中 85 家采购商在现场提出采购意向，意向需求达数千兆瓦。展会结束后，华沙分行对收集到的信息和需求进行整理，分享给国内供应商，组织了 40 余场境内外企业的一对一洽谈，达成约 300 兆瓦采购意向。

依托建设银行的全球机构布局，“建行全球撮合家”平台持续提升撮合质效，除了协助企业远程参展，还为跨境展会、论坛等活动各方提供“数字会展”“活动大厅”等场景支持，帮助企业在线搭建数字展厅，为参展商提供方便快捷、触达全球的会展服务，助力境内外企业实现云对接。建设银行的跨境撮合模式不断创新，通过“互联网+会展+金融”的跨界融合，利用先进信息技术，依托平台打造“数字会展”场景，支持展会主办方、参展商和采购商使用中英双语在线组展、布展、观展，提供实时互动的直播间和会议室，提供集展览展示、交流对接、撮合匹配、活动运营等于一体的综合解决方案，并将金融服务融入会展场景，实现灵活、高效和融合的会展生态。

2022 年 1 月 1 日，由东盟发起的《区域全面经济伙伴关系协定》（Regional Comprehensive Economic Partnership，简写为 RCEP）正式生效，标志着全球人口最多、经贸规模最大、最具发展潜力的自由贸易区正式启动。这将促进亚太地区产业和价值链融合，改善地区贸易和投资环境，推进贸易投资自由化、便利化，加速各经济体之间互联互通，为区域经济一体化注入强劲动力，对于全球贸易增长、经济复苏和繁荣发展都有重要价值。“建行全球撮合家”支持境内外企业把握国际贸易投资新趋势，助力中国和其他 RCEP 成员国共创互联互通新格局。

2022 年 9 月，建设银行、马来西亚对外贸易发展局、中国驻马来西亚大使馆、中国—东盟博览会秘书处共同主办助力中国—东盟博览会·“共享发展机遇，共创繁荣未来”2022 年中马企业合作对接会。会议依托“建行全球撮合家”平台，以线上线下相结合的方式举行，聚焦绿色发展、特色农业等多元化主题，旨在共享 RCEP 新机遇，助力中国—东盟贸易升级发展。在开幕式上，建设银行与马来西亚对外贸易发展局签署战略合作协议，中马两国企业签约 8 个项目，签约总金额近 13 亿美元。同时，建设银行马来西亚机构与境内 37 家分行联动，共邀请 300 多家中马企业完成近 400 场一对一“云洽会”，达成 200 余项合作意向。

在跨境撮合的过程中，银行不仅承担信息中介的角色，还通过获取更多信息为客户增信，提升中小微企业贷款尤其是信用贷款的可获得性。银行通过信息增信的方式，包括征信、信用评级、信息共享、信用修复等，在贷前促进交流和共享，为信贷决策提供更完整、更具认可度的参考信息；或者采用风险补偿增信的方式，包括担保增信、保险增信、信用衍生工具增信、企业内部增信等，在贷前进行风险分担，贷后发生违约时按照一定比例对贷款损失进行补偿，从而实现信用增进。从国际实践看，增信是化解信息不对称问题的普遍做法和途径，有效缓解中小微企业融资难、融资贵问题。

“建行全球撮合家”平台以“跳出金融做金融”的逻辑，在业务流程开始之前营造服务场景，并在服务过程中获客拓客，运用金融科技手段，实现银行从传统的信用中介向“信用中介+信息中介”转变。截至 2022 年年末，“建行全球撮合家”平台可匹配商机智能推荐率达 70%，活动参与主体扩大到 14 个行业门类、46 个行业大类，规模不断扩大，覆盖面不断拓宽，为跨境贸易投资合作搭建桥梁，服务外贸保稳提质和稳经济稳产业链供应链大局。

区块链赋能中欧班列

2021年，中欧贸易总额首次突破8 000亿美元，达到8 281.1亿美元，同比增长27.5%。中国既是欧盟第一大贸易伙伴，也是第一大进口来源地和第三大出口市场；而欧盟是中国的第二大贸易伙伴，也是第二大进口来源地和出口市场。中欧班列是往来于中国与欧洲及“一带一路”沿线各国的集装箱国际铁路联运班列，铺划了西中东三条通道，连接活跃的东亚经济圈和发达的欧洲商贸圈，成为国际物流中陆路运输的“骨干”。中欧班列的开行逐渐改变了中国与欧洲之间的贸易环境，为不同企业的货物运输提供了传统海运方式之外的更多选择，使得亚欧大陆的内陆城市拥有了自己独特的外贸窗口，对维护全球供应链稳定具有重要意义。

但长期以来，铁路货物运输中承运人签发铁路纸质运单，运单上收货人及到站可以更改，收货人提货时凭借“运单+身份证明”提货，货权不可转让。因此，铁路运单只是货运单据，并不代表货权。由于铁路运单不是货权凭证，融资功能弱，成为制约金融支持中欧班列关联企业发展的突出问题。主要表现在：一方面，由于铁路运单不是货权凭证，并不具备海运提单一样的货权凭证性质，铁路运单持有人不具有对货物的控制权，因而无法通过向银行质押铁路运单的方式进行融资，加大了出口企业资金占用成本；另一方面，亚欧大陆并存着两个跨境铁路运输国际公约，即《国际铁路货物运输公约》和《国际铁路货物联运协定》，中欧班列沿线国家往往使用不同的运输规则和不同的铁路运单，货物在铁路运输过程中需要换单，不能做到“一单到底”，使得运单流转更加复杂。

在国际贸易中，贸易融资是促进国际贸易发展的重要手段，对于买卖双方及时获得资金支持和信用便利起到重要作用。而贸易融资的根本前提和依据是货权的单据化（票据化），从而有利于银行把控贸易背景的真实性及融资自偿性。

传统国际贸易货物运输，多以海运为主。海运公司给发货人签发一份海运提单，这份海运提单可以代表背后的货物——谁拥有提单，谁就拥有货物。因此，提单持有人可以进行多次转让背书，只需要流转单据就可以完成货物的转卖等操作，也可将货物质押给金融机构以获得融资。等船到港后，持有提单的主体凭借提单找海运公司提货，海运公司见单放货，海运完成。

海运提单通过长期应用已经形成了一种国际惯例，并且拥有了法律、规则作为保证而成为一种有价凭证。《1978 年联合国海上货物运输公约》（又称《汉堡规则》）第一条第 7 款给提单下的定义是：“用以证明海上运输合同和货物由承运人接管或装船，以及承运人据以保证交付货物的单证”。我国《海商法》第七十一条规定：“提单，是指用以证明海上货物运输合同和货物已经由承运人接收或者装船，以及承运人保证据以交付货物的单证。”与铁路运输单据不同，海运提单既是货物收据、运输契约证明，在法律上也具有货权凭证的效用。

借鉴国际海运提单经验，建设银行应用区块链技术，创设“铁路电子提单”新概念，破解跨境铁路运输融资难题。

针对铁路运输货权问题，建设银行先后与政府部门以及铁路承运人进行洽谈沟通，借鉴海运提单经验，通过应用区块链技术，创设“铁路电子提单”，解决铁路运输货权凭证问题。

2021 年 1 月，基于区块链技术搭建的铁路多式联运提单数字化平台（以下简称“提单平台”）上线运行。提单平台将运输货物作为加密资产上链形成铁路电子提单，实时记载提单生成、流转、提货全流程。

采用区块链技术的“铁路电子提单”实现一键签发、流转。同时，区块链技术不可篡改、可追溯和可信任的优势，又为正本提单文件的真实性和安全性提供了保障。

铁路电子提单由承运人在提单平台签发，内容与铁路运单完全匹配，可在提单平台上流转。提单平台为货权所有人生成提单唯一性标识，同时结合铁路承运人线下操作的适应性改造，提货从原本的查验身份证明改为查验提单唯一性标识。提单作为提货唯一凭证，其持有人可在提货地点凭提单提货，系统验证成功后放货。提单平台实现了提单签发、查询、流转、取货等多项功能，提单生命周期全流程可视、可控、可信。

2022 年下半年，新疆 RN 贸易公司与哈萨克斯坦一家企业签订协议，进口哈萨克斯坦产的苜蓿草、大麦、油葵等农作物，总货值达 2 000 多万元。迫于资金周转需要，公司急需找到融资渠道。但由于铁路运单只是货运单据，没有货权凭证属性，银行无法提供融资。建设银行新疆分行推荐该公司尝试使用铁路电子提单融资。

在第一批货物装上承运人的班列之后，承运人根据运输货物情况签发了电子提单，并把电子提单通过铁路多式联运提单数字化平台流转给了建设银行。建设银行基于电子提单按一定比例为新疆 RN 贸易公司办理了融资；融资到账后，通过建设银行把货款汇到对方企业。首批货物从哈萨克斯坦进入位于乌鲁木齐市的承运人指定地点之后，该公司将融资本息归还建设银行新疆分行，分行随即将铁路电子提单流转回该公司，公司凭铁路电子提单成功提取了货物。

在公司看来，这种业务模式保障了货物安全，在货物到达指定地点之后，企业再付款，避免了以往“先付款再装货”交易模式下收不到货物的风险。另外，这种业务模式还节约了企业交易成本。以往的交易模式需要公司派人在现场盯着，直到货物装上回国班列，其间会产生大量差旅费用。现在的模式下就不需要派人在现场盯着，节约了差旅费。

铁路多式联运提单数字化平台扩大了铁路电子提单应用场景，填补了金融支持跨境铁路运输领域的空白。

2021 年 3 月，在中欧班列“法兰克福—西安”回程线路上，建设银行陕西省分行基于提单平台开出了首张以“接受铁路电子提单”作为交单材料的进口信用证，最终圆满完成中欧班列提单及配套金融业务全流程试点。在此次试点中，基于区块链技术创新的铁路电子提单的控货能力得到有效验证，提单平台系统功能和操作流程契合贸易实务，解决了铁路运输中货权凭证缺失的痛点及难点问题。同时，基于铁路电子提单的信用证采用电子交单方式，较传统方式显著缩短业务时长，交单用时压缩至一个工作日。

在试点的基础上，建设银行快速扩大推广范围，向西部陆海新通道、国内铁路集装箱货运等场景拓展。提单平台功能逐步完善，铁路提单和海铁联运提单的签发、流转、取货功能陆续上线，支持定制提单签发模板、贸易单据管理以及批量签发、流转、取货和代理提货、放货等功能，并已向国家知识产权局提交铁路电子提单核心技术专利申请。

同时，铁路电子提单试点面也在不断扩展，已覆盖包括中欧班列回程、中欧班列回程分拨、境内铁路运输、境内海铁联运等各类场景，参与分行扩展至重庆、四川等 22 个中欧班列重点地区以及德国、哈萨克斯坦、老挝、越南等境外国家，实现由西向通道往南向通道、由铁路运输到海铁联运的多线路全面试点。目前，建设银行已与 19 个中欧班列路线地区的官方指定平台签署合作协议，实现了重点地区全覆盖。客户类型涵盖贸易商、生产商、物流商、货运代理等各类市场主体。

在传统贸易融资产品的基础上，建设银行基于铁路电子提单，推出了中欧班列出口融资和进口融资配套金融产品，助力国际物流和贸易大通道建设。

在实现铁路电子提单货权控制功能后，建设银行配套设计推出了班列系列贸易融资产品，并逐步向其他班列平台推广。第一，在传统国际结算产品基础上，创新推出班列信用证，进口商可以铁路电子提单作为一项交单材料，向建设银行申请开立信用证，用以支付货款，发挥铁路电子提单货权控制功能在金融领域的应用，实现了单证全线上流转。第二，基于客户在途商品或持有的铁路电子提单为风险缓释，创新系列进出口融资产品，为客户

（贸易商）核定货押授信额度，提供物流、仓储全流程融资服务。第三，以班列平台订舱企业的历史订舱数据和运费金额为基础，运用大数据科技手段，推出“跨境快贷—运费贷”，为小微企业提供订舱资金支持，覆盖全国主要地区。第四，创新数字人民币在中欧班列的场景应用，试点运用数字人民币交纳运费，丰富数字人民币的使用场景和扩大使用量。

2022年年初，首单以铁路电子提单为风险缓释的贸易融资贷款在建设银行甘肃省分行试点投放成功。该笔贷款是建设银行与甘肃某贸易公司、铁路承运人共同联动创新业务模式以及以铁路电子提单为风险缓释的基础上完成，突破性地赋予铁路电子提单风险缓释功能，向兰州—郑州大宗商品铁路运输贸易投放贷款，解决了国内铁路运输贸易中银行与各类铁路相关方的合作问题。

长远来看，铁路电子提单的推出和应用，将实现境内外一体推进，全面覆盖海陆空铁及多式联运场景，助力企业降本增效，构建物流领域金融生态圈。以中欧班列模式为示范，可复制推广中亚班列、中老班列、中越班列、西部陆海新通道等线路，推动建设跨境铁路运输中国标准，助推国际物流和贸易大通道建设，促进沿线各国互联互通，共同繁荣和发展。同时，铁路电子提单对促进国际贸易便利化，推动国际运输规则改革和统一也具有深远意义。

跨境数字支付

2012—2021年，我国货物贸易和服务贸易总额由4.4万亿美元增至6.9万亿美元，增长超56%，全球排名由第二位升至第一位。跨境支付业务活动伴随跨境贸易产生和发展，跨境对外贸易持续发展对跨境交易基础设施提出了新挑战，也对金融机构跨境支付结算服务提出了新要求。

以企业间的B2B跨境支付为例。传统的跨境支付基于代理行体系，需要经过开户行、收款行、清算组织、境外银行（代理行或本行境外分支机构）等多个机构，处理流程烦冗，且由于支付信息与价值传输不同步，最终收款银行收到支付信息后须等资金头寸到账后方可入客户账户，导致整个过程花费时间较长、使用成本较高。国际汇款清算路径较复杂，一笔国际汇款从汇出到入账，需要经过汇款行、中间行和收款行等多个环节，每个环节上的银行都要进行合规审核，国际汇款的时效通常是1~2个工作日。

在全球范围内，已有企业在跨境数字支付方面先行先试。2019年2月，摩根大通宣布发行自己的数字货币——摩根币（JPMCoin），成为第一家引入自己的数字货币用于实际使用的主要美国银行。客户可通过区块链网络使用摩根币与其他客户进行交易，摩根币转移后会被立即兑换成等额美元，从而大幅缩短了清算时间。摩根币更多被用于金融机构间资金划拨，没有应用到对客支付领域。2018年6月，蚂蚁金服全球首个基于区块链的电子钱包跨境汇款服务在中国香港上线，港版支付宝的用户可以通过区块链技术向菲律宾支付系统Gcash汇款，运用区块链技术记录支付报文，在某家银行内部的两个准备金账户中完成清算。该模式显著提升了跨境汇款速度，降低了跨境汇款成本，主要面向个人用户。

针对企业跨境支付中面临的诸多问题，建设银行探索将区块链技术与跨境支付深度融合。区块链是分布式数据存储、点对点传输、共识机制、加密算法等计算机技术的新型应用模式，其特征与跨境支付的应用场景高度契合，可以用来解决跨境支付过程中面临的痛点和难点。

将区块链技术应用于跨境支付场景，可以解决两大问题。一是确保支付信息的关键要素在传递过程中不可篡改。运用区块链的分布式记账，可将传统模式下的“串联作业”优化为“并联作业”，支付链条上相关方共同处理同笔交易，支付报文无须按顺序逐级转发，大幅提升业务操作效率。在发送支付报文的同时还可以随附交易背景证明材料，如合同、发票、提单等，用于反洗钱及金融制裁合规审查，客户无须反复提交相关单据。

二是依托区块链通证（Token）技术，解决原来支付信息报文和头寸不同步问题。通证本身是一种可流通的加密数字权益证明，它和区块链结合将有利于实现支付信息传输和价值转移同步完成，很好地解决原来支付信息报文和头寸不同步问题，从而提升跨境支付全过程处理效率。

这些理论上可行，但需要找到合适的落地场景，建设银行在探索将区块链技术与跨境支付深度融合的过程中不断寻找契机。2019 年 10 月，位于马来西亚纳闽岛国际离岸金融中心的建设银行纳闽分行正式开业，并获颁当地首块数字银行牌照。中马双边贸易投资额很大，企业对便捷支付的需求很旺盛。当地监管部门也希望建设银行能够运用金融科技力量，充分发挥牌照优势，在纳闽提供创新跨境支付解决方案。在此背景下，建设银行凭借在区块链技术应用领域积累的丰富经验，依托数字银行牌照创新了“跨境易支付”（Easy Pay）产品，支持中马间贸易投资往来。

“跨境易支付”应用区块链技术在银行和银行之间通过联盟方式搭建了一个便捷的清算平台，将传统汇款模式下繁杂的步骤精简为钱包充值和支付两个步骤。同时将交易背景审核与反洗钱筛查前移至充值环节，由汇出行和汇入行同步在后台进行审核。支付环节钱包对钱包实现了点对点秒级清算，大幅提升了清算效率，将传统模式下跨境汇款的需要时间从1~2天缩短到15分钟之内，在完成交易背景审核、反洗钱筛查后秒级到账，使客户获得极致体验。

浙江佳程供应链管理有限公司是浙中地区运行中欧班列的龙头企业，公司集铁路联运、海运、空运、买方集运、清关、仓储和其他相应配套服务之优势，在金华、宁波、上海、沈阳、天津、大连、俄罗斯的车里雅宾斯克及哈萨克的阿拉木图等地建立了分公司和贸易网络，但如何安全、快捷地收付汇，是一直困扰该公司的难题。

俄罗斯汇款难、海外公司合作银行收付汇系统不稳定，这是当前该公司面临的突出问题。建设银行金华分行组织相关人员上门走访，了解详细情况，并迅速联系俄罗斯子行，为该公司制定了全新的金融结算服务方案，成功办理了跨境易支付“点对点”付款业务，实现资金“秒到账”，有效缩减了中间流转环节，提高了支付效率。

“跨境易支付”系统在时效性、安全性、合规性和可拓展性等方面具有独特优势。一是时效性强。支付环节秒级到账，实时清算，不受传统跨境汇款逐级清算模式的约束。二是安全性高。使用区块链加密技术点对点传输，有效提升支付安全性。三是合规性有保障。用户实名认证，同时前移交易背景审核与反洗钱筛查，每笔支付均保证合规操作。四是可扩展性强。支持多币种、多类型、多机构、多场景的应用，还可以与外部系统和生态进行对接。

由于不依赖外部系统，“跨境易支付”系统的工作时间非常灵活。按照原有的跨境支付方式，客户无法在节假日或者工作日晚上发起跨境支付申请，或者即使发起申请，银行也要顺延到下一个工作日处理。“跨境易支付”系统则突破了这个限制。

2022 年 3 月 31 日晚上，国内一家上市公司急需将一笔资金从马来西亚调回，这关系到该公司季报上的关键财务数据。而在这个时间段，通常意义上的跨境支付渠道已经全部关闭。在公司财务主管束手无策之际，建设银行纳闽分行向其推荐了“跨境易支付”，纳闽分行和境内分行联手接力，共同为客户在当天晚间完成了跨境资金划转。

在纳闽试点成功后，“跨境易支付”系统开始向建设银行其他境外机构拓展，中国澳门分行、新加坡分行等机构先后上线该系统。截至 2022 年年末，“跨境易支付”已在建设银行境内 37 家分行和境外 13 家机构部署。

从 2021 年开始，“跨境易支付”系统的外延进一步扩展。通过与全球主流持牌清算机构合作，建设银行创新了“跨境易支付—全币种支付”产品，依托合作机构的清算网络为建设银行的客户提供小币种支付服务。

建设银行与合作机构间按“跨境易支付”的模式进行清算，合作机构再通过自己的渠道将小币种解付至收款人所在银行。通过该机制，可满足境内企业140余个小币种的对外支付需求，基本实现“一带一路”沿线国家和地区的覆盖。该功能上线当天，即完成了印度卢比、越南盾和泰铢的对外支付，支持了水泥厂、水电站、市政道路等境外工程建设。除了支持140余个小币种，“全币种支付”产品的另一特点是确保全额到账，有效避免汇款费用的不确定性，在小额货物贸易和服务贸易等场景中非常适用。

未来，“跨境易支付”系统还将进一步加强联盟生态圈建设，以“一带一路”沿线国家和地区、RCEP区域内和当地监管部门支持的数字银行支付创新机构以及境内中小银行为推广重点，构建跨境支付生态圈，与境内外同业机构、清算机构、支付机构等合作，将“跨境易支付”系统嵌入跨境电商、中欧班列、广交会等场景。通过构建新的跨境支付网络和通道，将跨境支付的主动权掌握在自己手中，提升多币种跨境支付的便利性、安全性和独立性。

当前，国际力量对比深刻调整，一方面全球产业链供应链面临重塑重构，另一方面区域融合发展取得重大突破。经济全球化和区域经济一体化的要素跨国流动总体上呈加速趋势，金融科技为全球化注入新动力，让世界变得更加平缓。

未来学家奈斯比特夫妇和趋势观察家龙安志在《世界新趋势》一书中写道：“历史上从来没有谁尝试通过一系列策略的实施，在经济领域将这么多国家和大洲连接起来”。金融作为全球经济动脉中流淌的血液，可以说，“金融通，则全球通”。

第八章

金融向善

尽管技术革命创造了天量的财富和很多社会福利，但巨大的社会和环境问题持续困扰着全世界，在有些地区，这些问题甚至变得更糟。人类对自然资源的无休止消耗，造成全球气温上升，进而引发野生动植物消亡、山火肆虐、洪水泛滥，以及对人类赖以生存的生物多样性的破坏。

如果我们不解决这些问题，结果可能会是灾难性的。因此，我们需要一场新的思想革命，找到新的解决方法，来应对社会和环境的双重挑战——这两个挑战正在相互作用……

——罗纳德·科恩，《影响力投资》

绿色转型

2020年9月，习近平总书记向国际社会庄重承诺了我国“碳达峰”“碳中和”目标。推进碳达峰、碳中和将带来经济社会发展重大变革。温室气体排放引发的全球气候变化源于化石能源燃烧，这是工业革命的产物。化石能源燃烧产生的动力替代人力、畜力，替代风力、水力等自然力量，深刻改变了生产生活和社会面貌。可以预见，如果人类社会能源动力的基础从高碳走向低碳，从低碳走向脱碳，相应的社会需求结构、产业结构、技术体系及其相互运动关系都将发生重大变化，由此可能引发新一轮科技革命和产业变革，对众多产业带来颠覆性影响。

商业银行积累了资金、技术、人才、渠道等多方面资源，理应主动担负起推动绿色发展的时代重任。实际上，没有哪家企业可以忽视席卷全球商业经济的绿色浪潮。丹尼尔·埃斯蒂（Daniel C. Esty）和安德鲁·温斯顿（Andrew S. Winston）在《从绿到金》（*Green to Gold*）一书中提出，重视绿色环保为企业创新及创造持久价值并建立竞争优势，提供了一个至关重要的新途径。财务绩效和环保成功，是可以兼得的。银行要把绿色发展和环保理念融入内部管理和业务发展的各个环节，不断提升各类金融要素的生产效率，降低自身经营的环保成本，同时以环保意识为金融产品和服务注入新的价值内涵，通过积极倡导和客户自发转型，挖掘商业银行新的业务增长点，实现经营绩效和品牌价值双提升，将外在的环保责任转化为内在的竞争优势，积极探索企业增长与生态发展的共生模式。

“从信贷收益角度看，TPL公司是新西兰一家大型一体化综合能源供应商，在天然气批发和零售市场有领先地位，公司业务收入来源稳定，发展前景良好。既是我们分行的存量信贷客户，也是我们的存款结算大户，为什么要否决3 000万新西兰元的贷款呢?”建设银行新西兰分行客户部经理小王面红耳赤地向分行分管业务的李行长问道。

“这个客户的基本情况是很好，项目财务风险也较低。但是在80%的能源靠风能和太阳能供给的新西兰，我们贷款支持化石能源行业客户，而且贷款用途是石油勘探和开采，这不符合总行提出的绿色经营理念。这笔贷款所应承担的社会责任和面临的潜在声誉风险是我们必须考虑的。”李行长的一席话，让小王陷入了深思。

新西兰分行拒绝了该笔贷款，同时建议该公司应参照ESG标准构建可持续性融资方案。通过与公司的多次沟通交流，新西兰分行提出了可持续的融资建议。设置可持续性绩效指标，包括通过电气化压缩设施实现到2025年减少30万吨二氧化碳排放，开发并建设产能为100兆瓦的太阳能发电站，逐年增加对当地土著社区的经济投入，增加植被的种植等。同时，设置了与可持续性绩效指标相挂钩的定价机制，贷款期内任何一年完成3个可持续性绩效指标，则贷款利率减少5个基点。小王在处理这笔业务的过程中真切地理解了，商业银行在引导企业环境保护和可持续发展上可以发挥的作用，既能避免业务的负面结果，又能增加正面影响力。

考虑到该笔可持续性贷款符合 ESG 的相关要求，综合评定 TPL 公司经营稳健，现金流良好，结合项目实际资金需求情况，建设银行最终审批同意了 6 000 万新西兰元的新授信方案，贷款期限从 2022 年 3 月开始，期限 3 年，采用信用方式，比原来的额度还增加了 3 000 万新西兰元。

2015 年 9 月，联合国提出 17 个可持续发展目标，旨在以综合方式解决全球社会、经济和环境 3 个维度的发展问题，使世界各国转向可持续发展道路。随着联合国可持续发展理念在世界范围内的深入人心，ESG 对推动政府部门、企事业单位以及投资者加强关注环境保护、社会责任、公司治理等非财务因素起到了不可替代的作用。同样在 2015 年，我国提出了创新、协调、绿色、开放、共享的新发展理念。碳达峰碳中和“3060”目标是作为落实新发展理念的重要指标，正引起一场广泛而深刻的系统性变革。实现这个目标需要通过主动调整能源和产业结构，推动经济社会发展全面绿色低碳转型。

符合绿色方向的与碳达峰碳中和相关的新兴行业，往往由于前期受到规模效应、技术投入和社会认可等多种因素影响，企业所生产的产品成本偏高，很容易面临资金缺乏和市场拓展的双重困局，甚至短期盈利极为困难。这对于商业银行的服务也提出了挑战。

河北 AR 窗业集团有限公司是一家以生产被动式建筑建材为

主营业务的民营企业，该企业在建筑节能领域深耕超过20年，研发的被动式超低能耗建筑集成系统技术填补了行业空白，产品包括被动窗、被动门、智能遮阳、密封系统、环境一体机、新型外墙保温材料等数百种绿色建筑产业链核心产品，先后获得欧盟地区、北美地区、澳大利亚和新西兰地区的国际认证。被动式建筑通过节能材料和节能设计，充分利用可再生能源，在最大限度降低外部能量消耗的前提下，追求建筑体恒温、恒湿、恒氧、恒静、恒洁的“五恒”绿色环保效果。据统计，当前建筑能耗约占我国全社会总能耗的1/3，能源消耗巨大。而伴随着被动式建筑技术产业链的逐步成熟，节能降耗水平的提高，将成为建筑业控制碳排放的重要抓手。

AR窗业集团在项目建设、日常经营周转等方面需要大量的信贷资金支持。建设银行变“被动式”服务为“主动式”融合，组织有关部门和分行主动上门对接企业融资需求，为企业寻找经营和融资方向，帮助企业解决融资问题。经过对拟融资项目的尽职调查和分析评价，建设银行于2020年6月给予5.5亿元的融资支持，助力企业打造“被动式超低能耗建筑集成系统、老旧房屋及新农村被动式改造系统、装配被动式建筑工业化制造系统”三大核心产品体系。随着融资的全额投放，可实现年产能250万平方米被动式建筑产品的生产需求，进一步推动企业实现跨越式发展，进而引领全产业链条绿色升级转型。

在支持可持续发展项目融资的不断探索中，建设银行通过资源配置、服务创新、差别化定价和公众参与引导等措施，将影响力价值嵌入业务之中，提升企业未来生态环境效益的竞争力。

第一，综合配置金融资源。将政策效益、长远效益、区域效益纳入综合效益评价机制，引导环境资源合理利用。单纯从绿色信贷本身收益来看，贷款定价不高，直接收益较少。但是，如果考虑到政策效益（如央行碳减排支持工具为商业银行提供低成本资金等）、长远效益（如环境改善提升未来长期可持续发展能力）、区域效益（如信贷项目覆盖区域的环境改善，提升该区域整体的资产价值，使银行在区域内的其他资产及项目受益）等因素，调整后的绿色信贷收益明显提升。

第二，创新适配产品服务。对于供给生态环境产品的绿色项目，通常面临项目建设周期长、合格抵质押品欠缺等问题，传统信贷业务难以满足该类客户及项目的融资需求。建设银行通过融资服务和产品模式创新（如供应链融资、环境效益贷款等）、抵质押品创新（如环境权益质押等）给予信贷资金支持；发挥金融科技和金融牌照优势，综合运用绿色信贷、绿色债券、绿色租赁、绿色信托、绿色基金、绿色担保等工具；参与全国碳市场建设，围绕碳排放权各类交易品种，丰富金融产品设计。

第三，差别化贷款定价。对于具有正外部性环境产品供给项目，收益率普遍较低，可以通过降低贷款利率、帮助项目降低融资成本，提升项目的整体收益，实现环境效益“正外部性内部化”，促进环境产品供给企业及项目快速发展。对于具有负外部性的高能耗、高污染项目，通过提升贷款定价、提高项目资金成本，实现环境效益“负外部性内部化”，从而引导高能耗、高污染企业及项目主动进行绿色转型。

第四，引导公众参与。通过金融产品设计和公众教育，引导公众自觉参与环境保护活动，调节消费心理，促进公众行为对环境更加友好。围绕吃、穿、住、行等与百姓生活息息相关的方面，推出特色金融产品，带动公众积极参与低碳环保行动，共享绿色生活。

构建绿色金融制度框架

2019 年 8 月由摩根大通首席执行官杰米·戴蒙主持的“商业圆桌会议”发表了一份关于公司宗旨的声明。这个会议成员包括 181 家美国顶级公司的首席执行官，这些公司的商业收入总和超过 7 万亿美元。“商业圆桌会议是大公司的一个强大而保守的代表，自 1997 年以来，它一直强化‘公司的存在主要是为了服务股东’，换句话说，公司的存在就是为了赚钱。”2019 年的声明推翻了这一原则，表明公司不仅对股东负责，而且对客户、员工、供应商和社区都要承担责任。声明提出，“我们的每一个利益相关者都至关重要。我们承诺为所有人创造价值，促进我们的公司、我们的社区和我们的国家在未来的成功”。[①]

全球可持续发展的期待，对商业银行传统经营目标——利润最大化，是个明确的挑战。要从根本上保证金融向善的方向，还必须在顶层制度上打破传统观念束缚，建立新的制度框架。

为此，建设银行将 ESG 目标融入经营管理，通过构造组织保

① 罗纳德·科恩. 影响力投资［M］. 孙含晖，蒋昱廷，译. 北京：机械工业出版社，2023.

障、制度保障及落地实施措施，建立了服务绿色金融发展的制度框架。

从顶层设计起步，提供体制保障

在董事会方面，建设银行制定了可持续发展战略，督促管理层深入贯彻可持续发展理念。董事会下设关联交易、社会责任和消费者权益保护委员会，对银行履行社会责任、绿色金融战略等进行监督指导；设风险管理委员会，督导管理层加强环境与气候风险的前瞻性管理，优化环境敏感行业信贷政策；2021 年，建设银行成立了 ESG 推进委员会。

在监事会方面，建设银行将 ESG 相关工作及绿色金融体系建设情况纳入年度监督重点工作。

在管理层方面，建设银行成立了碳达峰碳中和工作领导小组和绿色金融委员会，根据董事会制定的绿色发展战略目标，出台了《绿色金融发展战略规划（2022—2025 年）》和《服务碳达峰碳中和行动方案》，统筹推进集团可持续发展。围绕业务发展、产品创新、风险管理、科技应用、自身运营实施绿色金融“五大工程”，将绿色、可持续理念融入经营管理，对全行实施绿色金融政策开展监督检查和考核评价。

在总分行方面，建设银行给予充分授权，配备相应资源，统筹推进绿色金融工作。组建绿色金融专业部门、建设特色分支机构与网点、设置专岗专职等，探索推动绿色金融流程、产品和服务创新，提升绿色金融服务质效和风险管理水平（见图 8-1）。

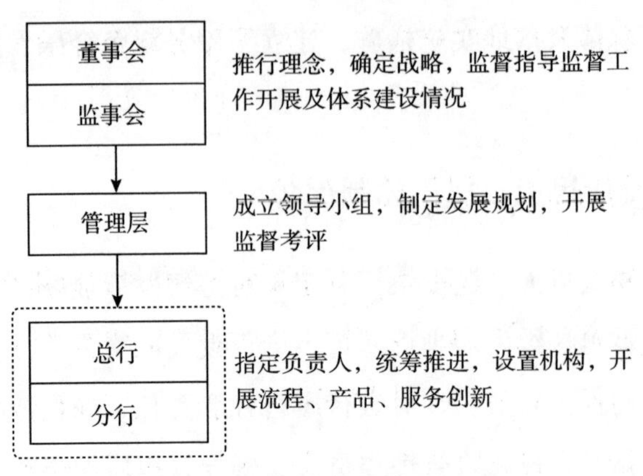

图 8-1 建设银行绿色金融管理体系架构

信贷管理政策引导，提供融资保障

制定绿色投融资政策。 明确将环保产业、低碳产业、循环经济产业作为支持重点，将各个领域中技术领先、环境表现优异的客户及项目作为支持重点，加大金融资源投入。同时，在信贷政策引导下，主动控制高排放、高耗能领域，清退技术水平低、环保不达标的客户及项目。主动实施行业、客户结构调整，防范由环境与气候风险引发的行业性风险、客户群体性风险，提升资产结构抗风险能力。

完善 ESG 相关评价体系。 把握环境气候变化和低碳发展趋势，主动关注和应对“绿天鹅”① 风险，前瞻性强化气候风险及转型风险管控。探索构建客户 ESG 评价体系，准确识别客户及项目的风险程度；将环境与气候风险纳入全面风险管理，深化全流

① “绿天鹅”指气候变化可能引发的金融危机。——编者注

程风险管控；实施贷前、贷中、贷后全流程管控，针对不同风险程度采取差异化的管理措施，在授信环节实施环境与气候风险“一票否决制”。

开展相关行业压力测试。 针对不同场景，开展重点领域环境气候情景分析和压力测试，为信贷政策调整和经营决策提供依据。采用国际主流方法，“自下而上”开展测算，量化评估气候转型风险对客户财务成本、信用评级和本行资本充足率的影响。对火电、钢铁、水泥和航空等多个行业开展压力测试，以评估碳达峰碳中和目标转型对信贷资产的潜在影响。根据压力测试结果及时调整风险偏好，为管理层经营决策提供支持依据。

强化操作规范，提供实施保障

绩效考核目标明确。 将“服务生态文明战略情况”指标纳入管理层绩效考核，在分行绩效考核指标中优化绿色金融考核权重，制定分行及子公司绿色金融推进情况评价方案，体系化推进全行绿色金融战略落地。

绿色信贷规模加大。 进一步加大战略性业务专项费用配置力度；建立重大项目“一事一议”机制以及绿色信贷白名单制度，在定价授权等方面给予差别化政策。

多种信贷产品配置。 以基本建设贷款等产品满足绿色产业项目融资需求，以技术改造贷款等支持绿色产业项目升级改造，以流动资金融资、供应链融资等产品满足绿色企业生产经营周转需求，以国际银团贷款、出口买方（卖方）信贷和跨境项目融资等产品支持绿色企业业务国际化，以新农村支持贷款、特色小镇贷款等支持乡村生态环境建设，以数字化的“小微快贷”等产品加大对中小企业绿色信贷投入。

信息披露及时。 向股东和投资者公开绿色金融战略和政策，充分披露绿色金融发展情况。同时，学习借鉴国际惯例、准则或良好实践，提升信息披露水平。

影响力在增长

绿色、环保、循环是经济社会发展的根本规律，也是推动企业自身增长的必由之路。习近平总书记鲜明提出“绿水青山就是金山银山”的“两山理论”，让我们更加深刻地认识到绿色生态蕴含的巨大社会价值，推动我们思考如何通过更可持续的方法技术来保护和开发沉睡的绿色资产。

据估算，实现“双碳”目标预计带来百万亿元级的投资需求，经济社会发展全面绿色转型的冲击和影响，最终都会反映到社会的方方面面，既影响银行的客户，又影响银行自身的各项工作。要适应这样的时代，有必要打造一张反映生态文明建设和绿色发展内在要求的资产负债表，兼顾大愿景和小目标，既把环保作为战略制定和企业文化的核心要素，又从绿色办公、绿色出行、绿色建筑等碳足迹管理的点滴做起，一步一步往前走，努力成为推动绿色浪潮的潮流驾驭者。如果说，红色是新金融的政治底色，那么绿色必须是新金融的生态底色。当银行以全新的视角审视业务时，可能会带来意想不到的社会效应和价值聚变。

村民用上了光伏板

“自从建了棚顶光伏发电站，发了电卖给国家，又多了一笔不小的收入。”看着家中大棚顶连片分布的光伏板，福建漳浦县赤土乡的村民老张喜笑颜开。

“光伏板吸收对农作物有害的光波，降低紫外线对农作物的伤害，减少病虫害，有利于农业实现增产。”

这个让老张高兴的漳浦光伏农业项目，通过棚顶发电、棚下种菜、棚地养殖，实现“一地三用，光农互补”，每年可节约标准煤3.5万吨，减排二氧化碳8万吨，并吸引农村旅游产业落户乡村。这也是福建省内首个光伏发电与现代农业、休闲旅游等相结合的项目。小小“绿屋顶”点亮了致富路，让更多的村民在家门口吃上“绿色饭”，走上了“生态+增收+乡村振兴”的发展新路子。

光伏新能源是乡村振兴的重要抓手，因地制宜发挥优势，推进光伏绿色清洁能源开发利用，既能促进农业农村能源低碳转型，又能有效提高农民收入水平。然而，光伏电站初期建设成本较高、占用资金多、回本周期长，市场上适用的金融产品较缺乏。为解决这个痛点问题，建设银行以绿色金融生态场景建设为抓手，投入3.3亿元绿色优惠贷款，支持福建漳浦光伏农业项目，“贷”动出一条低碳发展、共同富裕的道路。

要实现绿色低碳发展目标，必须从根本上加快产业结构和能源结构调整，推动经济生产方式变革，这些都离不开金融的强力支持。建设银行发挥综合性、多功能优势，多渠道满足绿色产业融资需求，搭建起了多层次绿色金融产品体系，形成了涵盖绿色信贷、绿色债券、绿色基金、绿色租赁等类型的多元化体系，使绿色贷款呈现逐年增长态势（见图 8-2），丰富新金融的绿色内涵。

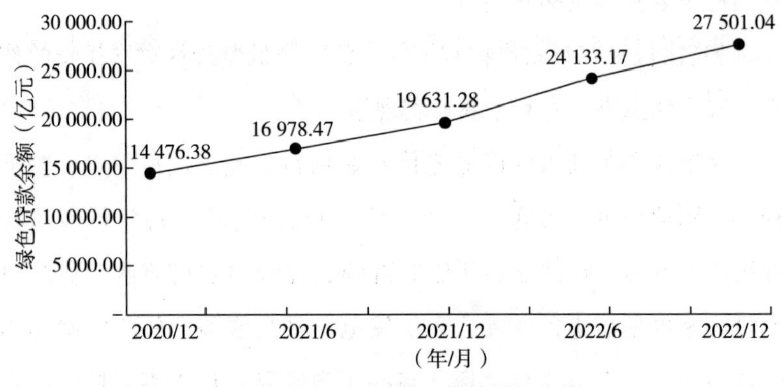

图 8-2 建设银行绿色贷款增长态势

资料来源：根据中国银保监会 2020 年发布的《关于绿色融资统计制度有关工作的通知》中口径统计（T115）。

让城市变绿

作为最大的发展中国家，我国目前仍处于工业化、城镇化的进程中，既有增量的城市建设需要，又有存量的建筑更新改造需求。然而，城市更新改造需要长期、大量的银行信贷资金支持，同时对银行在建筑施工领域的专业性提出更高要求。鉴于此，建设银行发挥自身专业特长，于 2022 年上半年开始探索“绿色信贷+绿色建筑+绿色监理”模式。绿色低碳项目实施主体基于建设期的融资需求，向建设银行申请绿色贷款。住房和城乡建设部科技与产业化发展中心作为权威专业机构，受托开展项目设计阶段绿色水平预评价和项目竣工验收后绿色水平评价，评价结果进行系统公示，并逐步建立完善的信息披露机制。建设银行做出预评价结论，对项目实施主体发放绿色贷款，给予相应利率优惠、贷款绿色通道等差别化政策，并在贷款合同中以客户承诺方式明确未达到绿色评价标准的违约条款。项目实施过程中，引入专业机构开展绿色咨询监理等配套服务。项目竣工后，根据咨询监理机构出具的绿色咨询监理意见、政府主管部门最终出具的绿色水平评价结论，对未达到项目绿色设计标准的项目实施方追究相应违约责任或实施惩戒措施。

基于上述模式，建设银行在北京市 20 余个项目开展试点，完成了数个绿色居住项目绿色水平预评价，并进行绿色贷款投放。重点支持了北京市绿色建筑、保障性租赁住房、老旧小区绿色改造等城乡建设发展重点项目，并将推广到绿色乡村、绿色社区、绿色家居等城乡建设各主要领域。

建设生物“天堂”

天堂寨位于安徽省金寨县西南部，地处大别山腹地，浩瀚的林海中繁衍生长着多达 1 881 种植物，为生物多样性提供了天然的栖息地，是名副其实的生物“天堂”，被誉为物种资源“基因库”、物种遗传“繁育场”和“实验室”，是国家级自然保护区。然而，由于在旅游开发方面缺乏系统性、整体性规划，造成了水源的污染、森林覆盖的减少，以及越来越多的白色垃圾污染。金寨县是全国有名的贫困县，财政收入有限，对纳入财政预算的生态修复融资项目，有低利率、长期性的需求特点。

2014年，建设银行在获悉外国政府转贷可以支持开展环境修复项目后，第一时间与世界银行取得联系表达合作意向。同时，与财政等部门积极沟通，争取政策支持。为了使金寨县能享受转贷的优惠利率，建设银行组成项目团队，与法国开发署持续展开谈判，签下了利率优惠贷款，给予安徽天堂寨生物多样性保护与发展项目2 000万欧元境外筹资转贷款，用于森林保育、地区水环境改善、建设数字化监控系统等，贷款自2016年8月31日起，期限20年。

从客户需求采集、银行企业政府境外机构四方接触洽谈、反复修改完善协议，到最后实现转贷提款，历时两年之久。项目实施后的天堂寨，交通、电力、通信等基础设施逐渐得以完善，“奇峰、飞瀑、林海、峡谷、云雾、幽潭、秀水”等自然景观更加美丽，淳朴厚重的民俗民风更与生态景观交相辉映。

该笔贷款的创新运用，也为建设银行后续助力我国的环境保护项目蹚出了新路。建设银行随后又通过德国复兴银行，为安徽天柱山森林公园生物多样性保护项目申请了41年期限的1 500万欧元的贷款。

湿地被喻为“地球之肾”，是重要的生态系统，具有涵养水源、净化水质、维护生物多样性、蓄洪防旱、调节气候和固碳等重要功能。然而，围湖造田和生产生活排污等行为造成了湿地退化和水体污染。为了修复湿地生态服务功能，2021年，江西省推出了湿地资源运营生态补偿项目。在项目试点建设中，建设银行探索新路径，构建了湿地修复和开发融资新渠道，推出支持湿地收储及修复贷款产品。截至2022年年末，已发放6 000万元贷款支持江西南丰县湿地收储及修复子项目，支持收储地块 2 500 余亩，修复建成湿地 200 余亩。此举拓宽了湿地生态治理投融资渠道，促进湿地生态产品价值提升和转化。

助力产业转型发展

2021 年 6 月，四川时代动力电池生产基地一期项目在宜宾市东部产业园正式投入运营。该项目是 ND 公司重要的生产基地，将有力拉动企业动力电池总体产销增长。依托绿色信贷差别化服务政策，建设银行组建总分行联合服务团队，制订综合服务方案，为 ND 公司针对性适配产业链金融需求，克服了锂电产业链条长，涉及采矿、锂盐加工、电池材料等多个环节，各类产品工艺复杂且差异较大等信贷管理上的难点。截至 2022 年年末，建设银行已为该项目投放贷款 5 亿元，并牵头推进后续项目银团融资落地。

根据产业发展周期理论，绿色产业符合国家经济结构调整要求及产业发展方向，该类产业正处于要素投入、产出规模和市场需求迅速增长的扩张时期，属于朝阳产业。建设银行聚焦减排降碳目标，大力支持清洁能源、绿色交通等重点低碳产业发展，助力传统行业探索前瞻性、战略性的低碳发展路径。同时，持续加大节能环保领域信贷投入力度，支持了一批新能源汽车、节能装备、环保装备项目，助力新兴产业发展和传统产业转型升级。

此外，建设银行加大“碳”系列产品创新。推出“碳惠贷”产品，通过碳排放配额质押增信，助力电力企业加快节能技改升级；开展“碳汇质押融资”业务，畅通碳汇资源与林业产业正向循环，促进森森密林成为不断扩围的生态绿洲。

播种创新

“终于有机会能把科技企业的无形资产盘活了，这是科技企业的福音。”从日本回国创业的陈先生兴奋地说。2001 年，在日本获得博士学位的陈先生放弃优厚的福利待遇回国创业。他在水泥基发泡轻质材料关键技术攻关及应用研究领域取得的一系列创新性成果，处于国内领先水平。其研发的创新材料不仅适用于各种特殊领域，而且属于环保材料，具有节约土壤和能源的特点。然而，家国情怀和创新技术没有换来创业之路的一帆风顺。科研之旅本身就充满艰辛与寂寞，创业初期连续 6 年“零工资”收入和艰难时期亏损将近 2 000 万元的困境，让他雪上加霜。作为初创的轻资产公司，财务指标不理想，没有抵押物，贷款难成为横亘在陈先生追梦路上的一座大山。

陈先生听朋友介绍了解到建设银行有知识产权质押贷款，便提出申请。经过几轮考察，建设银行发现陈先生的企业具有很好的发展潜力，符合 ESG 评价指标，通过知识产权质押发放了 270 万元贷款。陈先生感慨：“这是一场及时雨，我认为这是银行业的标杆产品。对于我们科技企业来讲，真是迎来了发展的春天。”如今，陈先生在水泥基发泡轻质材料领域的创新成果已应用在南水北调、港珠澳大桥人工岛、京珠高速公路、贵广高铁等“大国建造”项目中。

银行支持技术创新企业，也是 ESG 社会责任框架中的一个关键点，第一道难关就是如何评估科技水平和社会影响力。建设银行深耕房地产和基建领域多年，信用评估主要看的是“砖头”，即以固定资产抵押担保。对科创企业来说，依靠传统模式难以对其技术进行“赋值”。建设银行打造的“技术流”科技企业创新能力评价体系则实现了从“看砖头”到“看专利”的转变，将企业的“技术流”和“能力流”转化为“现金流”。

“技术流”科创评价体系萌发于广东省这块充满创新活力的热土。2017 年，建设银行在服务科创企业时意识到，科技企业拥有的知识产权不仅可以作为押品，还闪现着“大数据”的光芒：知识产权是少有的与企业科技创新态度、实力和潜力正相关的大数据，反映了科技企业的持续创新能力，并能够提前 1~2 年预测企业的“资金流”情况。基于这种判断，建设银行的“技术流”科创评价体系应运而生。围绕科技企业知识产权这一核心创新要素，以一系列量化指标评价企业的持续创新能力，并对创新能力强、有市场潜力的企业给予差别化增信支持。

“技术流”科创评价体系将技术流、能力流、政策流等软实力指标纳入企业授信额度测评体系，分析知识产权的质量和社会价值，兼顾考察企业科技研发团队实力、企业所处行业前景和政府的政策支持等更广阔的维度。具体包括科技创新成果总含量、发明专利密集度、研发投入稳定性、科技创新早慧度等可量化指标，科学评价科创企业的创新实力及创新水平（见图 8-3）。如，早慧度指标主要考察成立年限较短的企业在科技创新领域进行提早布局的程度以及申请发明专利意识的早熟程度，指标值越高，说明企业早期研发投入越大、科创潜质越好，越有可能成为“独角兽”类创新企业。

“技术流”科创评价体系为科创企业提供了更多融资的可能

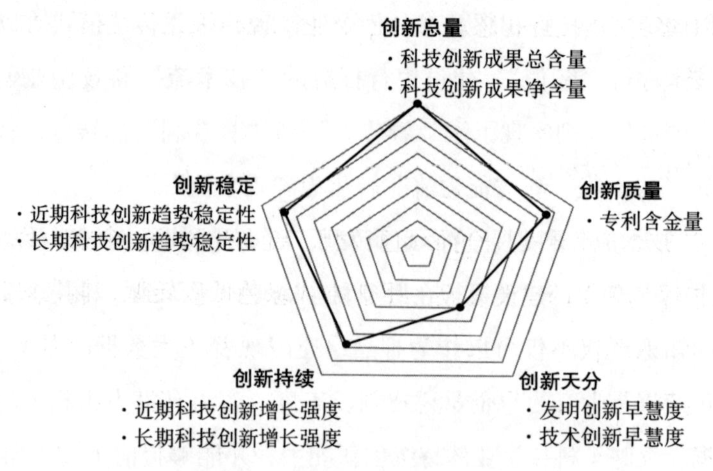

图 8-3　建设银行打造的“技术流”科创评价体系

性，支持科技企业将技术“软实力”变成融资“硬通货”。

“30 辆氢燃料电池客车从河南郑州出发，沿京港澳高速一路行驶 800 多千米，到达北京冬奥会延庆赛区交付，充分验证了车辆的可靠性和续航能力。”某氢能公司经理骄傲地说道。该公司的 30 辆氢燃料电池客车为这场国际体育盛会增添了一抹绿色科技色彩。当初，面对这样一家亟待解决“卡脖子”技术问题的企业，建设银行打出股债联动组合拳，率先为该公司提供额度授信，同时通过建设银行集团子公司为其提供股权融资 5 000 万元，提供“债+股”全方位金融支持。

在股债联动模式下，银行作为“友好资本”“耐心资本”的持有者，与市场化投资机构追求短期回报、快速盈利的模式不同，股债联动业务以“与时间做朋友”为前提，以“伯乐”眼光与企业同行，在陪伴科创企业成长过程中实现全面服务、合作。

截至 2022 年年底，建设银行集团参与设立的基金达百余只，基金认缴规模超6 000亿元，投资科创企业900余家，投资规模近千亿元。

看看你的“碳账本”

实现经济社会发展全面绿色转型，离不开政府、企业、公众等基于绿色理念的自觉行动。生活方式绿色低碳转型，首先要在思维模式、消费观念、行为习惯上进行深刻变革，逐步推动绿色理念贯彻到社会生活的各个领域。建设银行通过“碳账本”“建行学习”平台等一系列措施，提升公众的环境素养水平，激发公众参与环境保护、低碳生活的责任意识和行动能力。

推出“碳账本”个人金融服务，赋能打造“低碳生活”生态场景样板间。 在充分保障用户隐私的前提下，通过建行生活、手机银行等移动终端，识别用户在日常低碳生活及金融场景中的绿色行为，记录消费端个人碳足迹，并引入权威碳排放计量规则，进行碳减排测算，形成个人“碳账本”。在风险可控的前提下，基于“碳账本”为用户提供银行卡消费折扣及支付优惠、信用卡专项优惠、积分商城权益兑换等个人金融服务，探索多元化碳普惠机制，引导消费者积极践行低碳生活理念。低碳生活个人“碳账本”场景服务已经在手机银行等多个平台以及郑州地铁“数字网点”等多个渠道面客运营，13个碳减排计量模型实现落地，初步形成了一套顺应战略导向、符合经营逻辑、兼顾用户体验、彰显责任担当的个人“碳账本”解决方案。

通过“建行学习”平台，赋能内部员工与社会公众开展线上低碳学习。 经第三方机构测算，“建行学习”平台自启用以来，通过线上学习、线上阅读、线上考试等举措，减少差旅、交通、用纸等线下学习活动，折算碳排放减少量约为87.4万吨，相当于北京市473万辆私家车停驶1.48个月。

此外，建设银行还开展了共享单车骑行优惠、“龙支付在路上”公交地铁优惠、新能源车充电优惠等一系列活动，鼓励公众选择绿色出行方式，以“润物细无声”的行动为生活方式绿色低碳转型提供金融动能。

第九章

新金融的烟火气

在过去两个世纪的大部分时间里，人们付出巨大的努力推进银行业为社会民众中的绝大多数人提供全面的服务，但这个工作还远没有成功。

——罗伯特·希勒，《金融与好的社会》

金融，不是来帮助“钱”的，金融，是来帮助“人”的。

——刘润，《金融，就是早上一碗热气腾腾的面》

是金融，更是生活

大数据、物联网、云计算、人工智能等信息技术的加速发展，深刻改变了人们的生产生活方式和传统交易模式，金融机构也正在自我更新中寻找更精准的定位。借科技之力将银行建在生活场景里，通过搭建线上生态平台，以非金融为切入点，为用户提供高频的本地生活场景服务，能够打通服务断点，延伸服务触角，使用户的每一个生活场景都成为银行的服务场景，让金融不仅是"高大上"的融资对接，更可以融入千家万户的柴米油盐。从及时点餐到快速出行、从购物消费到文娱视听，未来金融服务的获得感将更多源自每一个金融场景的体验感。

每天上午 9 点和 10 点，李萍所在办公室的同事就会互相提醒——登录"建行生活"App，9 点签到领券，10 点领取当日发放的优惠券。这些天，组团到"建行生活"App 签到领券，成为她和同事的习惯。

李萍之前在 IT 公司做系统开发，新冠肺炎疫情防控期间刚刚入职一家新媒体公司。上班后不久，在公司附近的蛋糕店买甜点时，店员向她推荐"建行生活"App，说下载就能领取 20 元优惠券的新人礼包。"你们为什么要帮银行推广 App 呢，这是个啥套路？"店员说："现在生意不容易做，这个 App 有优惠券，可以多吸引些客户，能帮我们提升营业额。”看到店员很坦诚，她顿时没了疑虑：“是啊，大家都很不易，我也试试吧!”她下载了 App，领取了优惠券，支付甜点时当场就抵现使用了。

没想到这一次尝试，让“建行生活”融入了李萍的生活，“通过‘建行生活’App 进行外卖点餐、超市购物、到店就餐，两个月下来已经节省了 683 元”。看着手机里显示的累计优惠金额，李萍得到了实实在在的优惠。“每天 10 点参加‘每日好券’活动都有机会领取美食、电影、外卖等优惠券，对我们这些早出晚归的上班族来说，既方便了生活，也节省了开支。”因为便捷的使用体验，她还主动向同事推荐起“建行生活”，“下载 App 还能 1 分钱坐地铁、8.8 元喝咖啡、领 11 元洗车满减券……好多优惠福利，很有用”。这也拉近了她和新同事之间的距离，初入公司的陌生感很快消散了。

“建行生活”团队负责人、“85 后”的周书恒在介绍这款 App 时说：“这些只是‘建行生活’与消费者生活深度融合的几个小方面。平台上的活动不仅覆盖美食、商超、外卖、打车等众多生活场景，用户还可以在平台上领取生日福利、查询住房公积金、申办建行信用卡、办理网点预约取号，以及预约自己的客户经理等便民金融服务。这款手机客户端，给民众带来了不一样的消费体验，这是以‘科技’之手，为‘生活’做裳，为金融服务注入了温情和人间烟火。”

实际上，“建行生活”App 的诞生并不是顺理成章、水到渠成、一帆风顺的，在此过程中，有不少的分歧和争论，经历了很多质疑。

大家质疑的原因很简单，建设银行已经有了“善融商务”，从多年的运营看，并没有达到原来设想的“亦商亦融”获客引流效果，为什么还要再搞一个“建行生活”呢？不少银行已经退出银行系的电商平台，认为这就是一个出力不讨好的“烧钱”的事，监管部门对银行经营范围也有要求，为什么要走回头路呢？

随着互联网与产业融合加深，平台经济迅速席卷社交、出行、购物、餐饮等多个领域，行业价值链条与竞争格局发生剧烈变革，居民的生产生活方式和传统交易模式也发生深刻改变。截至2022年年末，我国网络支付用户规模已达9.11亿，网络购物用户规模已达8.45亿，网上外卖用户规模已达5.21亿。[①]

互联网公司通过发展平台经济，在获取了用户流量和交易后，有的入局金融领域，凭借技术与流量优势，迅速挖掘出传统金融业难以覆盖的长尾市场。以阿里巴巴旗下支付宝为例，其通过提供生活场景服务沉淀了超10亿用户的海量行为数据，并以此为基础构建了完整的金融信用体系“芝麻信用”，推出了余额宝、花呗、借呗等多个场景化产品，逐步延伸至理财、保险等传统金融领域。

平台经济繁荣发展的同时，也滋生了平台垄断引发的一些问题。特别是商户服务费，俗称“抽佣”，更直接关系着平台方的利润，也一直是平台方与商户之间争议最多的部分。

自2015年开始，人民银行等十部门发布了《关于促进互联网金融健康发展指导意见》，一系列政策和制度的发布，拉开了监管

① 中国互联网络信息中心（CNNIC），第51次《中国互联网络发展状况统计报告》。

部门对互联网金融严格监管的序幕。

与此同时，眼看着电商平台做得风生水起，有的还进入了金融领域，不少商业银行感觉到了危机。随着金融互联网化的发展，有的银行选择在手机银行上增加线上销售平台，期待从互联网平台夺回本来属于自己的客户和业绩，但实际上作用不大，并没有得到客户的响应，成为手机银行的“鸡肋”；有的银行选择和互联网平台合作，将自身产品和服务“出海”至互联网平台，支付流量费为自身产品引流，但经营缺乏自主权，且投入产出明显不匹配。正如周书恒所说，“互联网平台早已经走到了银行的前面，隔离了银行跟客户的接触，银行成为平台 App 背后的‘供应商’，继续用同样的思路去追逐互联网平台，没有前途”。

周书恒和他的团队在研究建设银行新金融战略时，分析新金融本质是“新”在服务对象和服务方式上，服务对象要面向绝大多数人，而服务方式要利用科技和移动互联网使服务下沉，触达绝大多数人。他们意识到互联网电商平台实现了服务大众的目标，其逻辑值得学习。从银行角度看，如果运用互联网模式开展场景经营，让银行服务进入生活层面，这可以把新金融的理念落实到服务千家万户、百姓民生的实际需求上。对此，他们做了以下仔细的分析。

从银行业的外部环境来看，随着客户行为全面向线上迁移，线下物理网点流量持续下滑。 以网点为主要阵地的传统经营模式面临着流量持续下降、客户结构老龄化、运营成本居高、触达效率较低等一系列问题，尤其是以年轻群体为主的新一代互联网用户已基本与银行网点“失联”。因此银行亟须顺应客户线上化、场景化行为习惯，通过运用互联网模式打造线上生态渠道，构建“场景+金融”服务生态体系，提升客户服务的广度与深度。

从银行践行服务大众的使命来看，互联网模式打开了商业银行经营服务拓维升级的空间。 在服务对象上，依托互联网边际成本趋近零的特点，商业银行可大幅降低客户触达成本，让金融资源流向更多过去没能覆盖的长尾人群，化解“商业性”与“普惠性”之间的矛盾，不用再去“垒大户”。而商户作为实体经济中占比最高的市场主体，聚拢着庞大的服务业就业人群，如果商业银行打造互联网生态平台，可全面提升商户服务能力，改变传统银行以收单为主的单一服务方式，为商户提供免费流量与经营平台，赋能商户提升经营业绩。这也是普惠金融服务内容的重要组成。

从银行内部经营来看，在数字化经营探索初期，银行的部门、分行花费了大量精力和资源分头做运营。 依托公众号、小程序、App、手机银行微应用等，部门、分行各自尝试打造了一系列线上生态平台，尝试在场景中经营活跃客户。但在实际效果上，由于入口不统一、流量分散、品牌分化、数据难回传、运营能力弱等诸多痛点问题，令人失望。同时，平台与场景的分散也造成营销资源的分散，部门、分行依托各自平台投入资源开展活动，既影响客户体验，又影响资源使用质效。因此，亟须推出企业级生态服务渠道，从而提升效率，改善用户体验，也减轻基层网点推广无数个 App 的业务压力。

在科技团队全力努力和各部门支持下，建设银行于 2020 年年底正式推出了企业级本地生活服务平台“建行生活”App，经过两年的孵化试点与产品迭代，平台搭建了覆盖餐饮、商超、外卖、充值、娱乐、出行等多个高频本地生活场景，建立了在线买单、扫一扫、付款码等多种支付方式与信用卡、储蓄卡、数字人民币、他行卡等多种支付资源的支付能力，实现定位、功能、交互、运营等多维度的全面升级。

“利他”，让生活更美好

虽同属平台经营，但在商业模式上，银行系平台与互联网平台有本质区别。互联网平台往往深耕垂直场景，通过投入大量资源吸引用户做大流量，同时提升场景服务的供需匹配效率，做大蛋糕，并将蛋糕增量分给供给方、需求方、平台方，实现三方共赢。但平台达成垄断后，资本的逐利性驱使其不再满足于自己分得的份额，而是凭借优势地位去侵占供需两方的蛋糕，导致利益分配的失衡。银行系平台商业模式则不以非金融场景服务本身盈利为目的，不仅不参与场景服务蛋糕的分配，而且整合既有的营销资源部署到平台上，同时通过免收费用引导商户让渡部分自身资源，更进一步做大蛋糕，扩大供需双方利益分配，形成平台大规模的稳定流量，从而获取金融服务的触客权，最终通过客户进阶与金融转化实现价值变现，“先人后己，成人达己”。

老陈的风味小吃店位于沈阳市较为繁华的地段，生意一直不错，但随着周边老旧小区的动迁，客流明显减少，特别是新冠肺炎疫情发生后，越发艰难的经营让他备感压力。“这些年，老主顾、回头客搬走了不少，上班族越来越多，新面孔都没机会认识，不好维持了。周边的店情况都差不多，大家都没啥好招儿。”他对建设银行网点的客户经理小朱诉苦道，可是当小朱向他推荐入驻“建行生活”平台时，没想到老陈很是抵触。“别来推销了，前几年别的平台来我就上过当了，既要交入驻费，又要每笔买卖抽佣金，生意量确实多了点，但最后一算账，钱一点没多挣，都给平台打工了，还不如打个折把实惠留给我的客户呢。”

小朱见状赶忙解释：“您别担心，我们的平台不收您任何入驻费和佣金。”“真的？你们建设银行是大银行，说话我相信，那就试试吧。”就这样，小朱立刻帮老陈办妥了入驻平台的一切事宜。

“跟其他平台不一样，入驻免费，交易也不收佣金，建设银行还出钱和我们联合搞活动。还给我装了个高大上的收单系统，咱这小买卖能少花钱多办事，真是太可心了！”没多久，老陈高兴了起来，还向其他商户介绍“建行生活”。沈阳市常住人口的70%以上都是建设银行的客户，银行的品牌效应帮助老陈的小吃店实现了线上线下的多渠道引流，老陈对“建行生活”App的引流能力十分认可，还主动当起了推广大使，左邻右舍的商户也纷纷入驻“建行生活”，让建设银行“请客”。

“建行生活”的第一步，是打造一个独立的App，作为连接用户与商户、聚合生态流量的承载平台。

在平台场景搭建策略上，“建行生活”选择最为刚需、高频且行业集中度较低的餐饮、商超作为核心自营场景，直接与线下商户开展一对一合作。生活场景是建立用户连接的核心要素，也是平台流量的主要来源。但是，就像前面讲的，“建行生活”与电商平台不同，不以场景服务的盈利为目的，只是为了适应用户在生活场景中使用金融服务的习惯和体验。

对于外卖、出行等行业集中度较高的线上场景，“建行生活”则是生态的合作者与组织者，通过场景共建的方式引入垂直领域头部的互联网服务商，间接为用户提供相关场景服务。

很快“建行生活”搭建了覆盖外卖、影票、充值、出行等高频流量场景，餐饮、商超等核心交易场景，以及信用卡、装修分期、购车分期等金融服务场景，初步构建从流量到交易再到金融转化的场景运营闭环。

金融是“建行生活”平台流量价值转化的出口，也是平台运营模式闭环的关键。根据“建行生活”平台的定位与特点，将金融与非金融紧密融合，让客户在线上面对“一家建设银行”。

一是嵌入消费金融类产品与服务。“建行生活”借鉴电商平台场景化的金融产品和经营逻辑，按照互联网用户习惯和体验，研发打造“建行生活”数字信用卡，推出汽车和装修分期金融业务，持续优化产品流程体验，将金融业务场景化、智能化甚至年轻化、IP 化，以互联网模式助力建设银行消费金融业务发展。

二是开展深度金融服务，包括基金、保险、理财、贷款等。“建行生活”作为流量平台部署金融业务入口，通过互联网化运营实现用户习惯培养与心智教育，引导用户触发深度金融服务需求，并无缝跳转至手机银行完成业务全流程办理，为手机银行金融业务引流，构建从月活跃用户数量（Monthly Active User，简写为 MAU）到资产管理规模（Asset Under Management，简写为 AUM）的用户进阶与价值转化链路。除了承载 C 端业务经营，“建行生活”作为建设银行企业级的线上生态渠道，与 B 端普惠金融、G端智慧政务都蕴藏着很大的业务协同潜力，协同价值正随着产品与业务的对接落地逐步释放。

三是营销活动与权益激励整合。“建行生活”把原来分散在分行、支行、不同渠道开展的营销活动和激励统一起来，为客户提供了统一的活动参与和权益兑现入口，成为银行企业级活动与权益聚合平台，初步培养起“找建行权益，上建行生活”的用户心智，也让建设银行存量营销资源带来的客户流量“显性化”。

自2022年下半年起，经过持续的产品研发与功能测试，“建行生活”正式推出“积分当钱花，越花越精彩”活动，用户在平台消费支付时可使用建设银行综合积分抵扣一定比例现金，一经推出便受到广泛欢迎。平台支付积分抵现已支持外卖、充值、影票、打车、骑行等多个全国化的场景，同时拓展引进属地化的商户。

“建行生活”平台推广的初期，采用了“供给先行”策略。通过优先引入一批优质品牌商户，吸引一部分用户成为平台“种子用户”，在此基础上依托互联网裂变式营销，实现用户与商户的正向循环增长，通过激活平台的供需双方，形成双螺旋结构相互驱动的平台推广态势。

2022年卡塔尔世界杯足球赛期间，“建行生活”通过独家冠名方式与央视合作推出“欧雷欧雷陪看团”栏目，借助四年一遇的体育热点开展品牌营销推广。节日采用半直播赛事综艺形式，邀请央视资深主持人与娱乐圈、体育圈知名嘉宾，陪同观众共同观看“世界杯”直播赛事。节目期间，“建行生活”通过宣传海报、舞美场景、定制短视频等形式进行全方位曝光，并植入活动互动环节，以“红包雨”、互动口播等形式引导观众领取“建行生活”优惠券，体验平台场景。

“经商这么多年，锦上添花的事情经历了不少，但要说雪中送炭还得是‘建行生活’，在我们经营最困难的时候，帮我们引流客户，有客源才是王道，让我们的复工复产一下子有了充足的底气！”河南欧凯龙家居负责人李总紧紧地握着建设银行工作人员的手说道。

河南欧凯龙家居是中原地区最具特色的大型精品建材家具连锁企业，拥有5家实体卖场，进驻的知名家居品牌有1 500余家，在郑州市家装领域具有一定影响力。近两年，受特大洪灾、新冠肺炎疫情、房地产调控政策、客户消费习惯线上化等多重因素影响，企业客流和销售受到严重冲击。

得知具体情况后，建设银行河南省分行立即针对该公司和进驻商户的痛点，与欧凯龙家居商谈合作事宜。通过在“建行生活”金融频道的“装修分期”板块吸引194户家装商户入驻平台，充分利用“建行生活”流量和权益资源开展优惠活动，实现线上销售额近200万元，并随着活动的延续持续增长。

“建行生活”为双方的合作搭建了桥梁，合作领域也逐步从平台入驻延伸到金融服务。很快，欧凯龙家居申请的100万元“商户云贷”获批，解决了其资金周转的燃眉之急。同时，建设银行还配套提供“个人快贷”“装修分期”等贷款服务，受到商户以及消费者的欢迎。

“建行生活”将商户服务范围从收单商户延伸到非收单商户，商户服务能力显著增强。“建行生活”不收平台费用，不做竞价排名，商户无须交纳佣金、无须增加收银设备投入便可入驻，有效节省了经营成本和资金占用，并采用线上买单、后台自动核券的商户活动方式，方便快捷，避免给繁忙的商户增加额外工作。对于有资金需求、符合条件的入驻商户，建设银行还可为其提供贷款、融资等综合金融服务，为广大中小微企业和商户解决资金难题，减压纾困。建设银行持续推进“建行生活”平台与“惠懂你”平台融合，围绕客群、产品和场景，合力打造“生活+生意”平台新范式。

“建行生活”改变了以往客户经理营销商户时“门难进、户难拓”的窘境，吸引了肯德基、必胜客、麦当劳、海底捞、好利来、瑞幸咖啡等大量知名连锁品牌入驻。“建行生活”正加快推进团餐、有价券、商家后台等产品功能，支持商户在平台投入资源开展自主经营，进一步提升商户体验与平台经营服务能力。

“建行生活”不仅仅是建设银行出于客户经营目的打造的消费金融平台，更是一个开放的、利他的社会化平台。

“我平时工作忙，没时间做饭，一日三餐都在小区门口吃。现在注册‘建行生活’就可以领到优惠券，周边餐馆都能用，还有商超和外卖减免券，帮我省了不少钱呢！”郑州市高新区“谦祥万和城”公租房小区的租户小沈深有感触。

“建行生活”为公租房客群打造专属的优惠服务受到欢迎。只要公租房系统的平台用户交纳租金、物业费或水电气暖费用，就可以在“建行生活”平台领取专享优惠券，通过“建行生活+公租房”，实现公租房系统和“建行生活”平台客户的双向转化。

“谦祥万和城”公租房小区是河南省最早开展公租房租金代

扣的小区之一。2022 年以来，“建行生活”平台以优惠活动为抓手，以“四不一免”（不以收益为导向、不抽佣金、不做竞价排名、不强加额外营销费用、入驻平台免费）优惠政策为切入点，吸引小区周边各类商户入驻平台，共建衣、食、住、行、娱、教、医等生活场景，实现 B 端赋能；同时向公租房小区客户开展优惠活动，发放周边商户优惠券，吸引客户线上消费，促进 C 端活客；平台充分挖掘 B、C 两端价值贡献，打造生态闭环，进而形成公租房客群生态圈。目前，该小区在“建行生活”平台已累计上线商户 20 余户，为近 2 000 户公租房租户带来方便。

对聚拢着广大劳动就业人口和民生消费的线下商户而言，“建行生活”已成为当前市场上广大商户迫切渴求的公益性公域线上经营平台。尤其自新冠肺炎疫情以来，“建行生活”在助力商户克服经营困难等方面开始发挥作用。

2022 年七八月份，为抵御新冠肺炎疫情造成的影响，加快启动线上线下消费复苏，北京市商务局在全市范围内组织开展了外卖、到店餐饮消费券发放工作。“建行生活”、美团、饿了么、麦尖美食 4 家平台通过资质审核入选为首批发券平台。

建设银行在深入研究客户到店时间段、消费金额区间、堂食与外卖占比等多类型核心数据后，收集、整理、计算出客户使用优惠券金额与消费金额最优配比，划拨专项资金 400 万元，在政府优惠券“满 100 元减 30 元”“满 50 元减 15 元”的基础上为消费者增配“满 20 元减 10 元”优惠券。活动期间，作为唯一的银行系平台，“建行生活”充分发挥建设银行在人员组织、资源调动、商户协同等方面的优势，为 6 000 余家商户门店布放 KT 板、手卡、台牌、易拉宝等宣传物料，进行店员培训、提供统一宣传话术。此外，建设银行还通过行内短信、企业微信、手机银行、公众号、云工作室等线上渠道进行大规模活动宣传，累计触达客户450万次；在线下网点渠道，对到店客户一对一介绍并指导使用，最大化提升消费券活动的民众参与度。

这次活动对建设银行员工来说，是一次承担社会责任的总动员，同时也让更多客户了解了“建行生活”，务实地帮助更多商户克服疫情带来的经营困难。通过消费券发放，建设银行助力推动消费复苏、经济增长，也为更多商户和个人享受建设银行的金融服务建立了合作通道。

“建行生活”与政府部门还合作打造“低碳出行”“美丽乡村”等平台场景，助力碳达峰碳中和、乡村振兴等国家重大战略实施。平台凭借在规模、开放性、运营能力等方面的综合优势，成为各地政府消费券发放的主流合作平台。截至2022年年末，累计已承接220多个城市发放的30多亿元政府消费券，带动交易消费额近百亿元。

从“银行人想象的互联网”到“真正的互联网”，经过两年的迭代与运营推广，“建行生活”平台用户规模呈现指数级增长。2022年6月15日，“建行生活”2.0版又在杭州与大众重会。

“建行生活”2.0版在平台定位、功能、交互、运营等方面都深化升级革新，切实开启向“真正的互联网”平台迈进的征途。平台定位升级，从“找建行优惠”向“美好生活指南”进阶，依托智能搜索、个性化推荐和内容种草，引导赋能用户寻觅发掘本地优惠、商品和资讯。平台容量升级，推出“精选”“生活”“金融”“我的”4个板块，系统性能和并发能力全面提升。产品功能升级，具备更丰富的生活场景和场景化的产品功能，提供花钱（支付）、省钱（权益和积分兑换）、借钱（信用卡和消费金融）、赚钱（余额理财边赚边花）等互联网体验的生活与金融服务。平台交互体验升级，2.0版呈现智能化（千人千面）、内容化（用户决策）和服务化（从信息到服务），信息传递效率更高，界面设计风格亦着重凸显品质、简洁和温度。

对于“建行生活”在商业模式上与其他互联网电商平台的区别，周书恒是这样理解的：“我们不需要考虑商业模式，因为银行本来就有自己的业务，不需要重新发明可变现的商业模式，那是互联网行业追求的事情。但是互联网行业的成功在于为客户提供了方便和效率，是站在客户端想问题，所以才会拥有流量。‘建行生活’对商业银行来说改变了以往银行金融本位的思维，而是从利他角度想问题，虽然只是增加了一个线上渠道，但是这个渠道运用了互联网的方式为客户提供服务和价值，顺带把金融业务埋在了链路中。这种方式恰好迎合了互联网客户和年轻客群的行为习惯。这种方式跟传统银行不一样，它更接近互联网平台的样子，但其背后的本质不会变，还是金融，所以‘建行生活’背后的商业模式是由背后的银行业务部门在支撑和实现的。”

“建行生活”平台不以场景服务本身的盈利为目的，不参与场景服务蛋糕的“零和”利益分配，让商业银行可以充分兼顾公益性，在追求社会价值的同时实现金融业务经济效益。

建信金科公司广州数字金融研发事业群负责“建行生活”主要的日常运营，总裁张应丰在谈到“建行生活”时内心的喜悦抑制不住："2022年年底用户数过1亿，2021年年底才3 000万，相当于当年增长了3倍。目前日活跃用户数一般情况是400多万，日活率在4.2%左右，日活跃用户数峰值已经接近500万，这也是专业化运营、平台化运营和数字化运营效果的体现。同时，平台的金融转化效果也开始显现，金融获客300多万，本行零资产客户激活600多万，对应的存款达到600亿元左右；平台发行数字信用卡近500万张，新客的活跃率比传统信用卡的活跃率高。另外，商户门店现在有35万，基本都拓展成为建设银行收单商户。从C端和B端上看，都取得了比较好的成效。"

从2020年年底在杭州首发试点，到2021年7月正式启动推广，再到2021年9月在全国省会、直辖市等重点城市面客，2021年11月在全国各地级市全面面客，"建行生活"平台的用户实现了快速增长。截至2022年年末，"建行生活"平台已在全国361个城市推广面客。

"双子星"模式

过去，银行的客户只能在特定时间和地点被触达，现在随着金融科技应用深化不断重塑银行业态，客户可以随时随地接触金融服务。与此同时，金融服务线上化导致银行业务离行率、离柜率持续上升，网点到店客流量持续下降，客户对银行网点的依赖性逐渐降低。尤其是新冠肺炎疫情以来，非接触式服务成为主流，客户行为进一步线上化，部分网点客流出现断崖式下跌。

在"第一曲线"渠道为王的时代，覆盖全国各地数量庞大的网点是商业银行得天独厚的经营优势，谁拥有的物理网点越多，谁的规模就越大。但随着网点到店流量的下滑，以及租金、装修、设备、人力等运营成本的不断攀升，曾经遍布城乡的“网点优势”正逐渐成为银行背负成本压力的“包袱”。根据中国银行业协会发布的《中国银行业服务报告》披露数据，近 4 年全国银行业金融机构网点总数连续下降，2021 年与 2017 年相比累计减少约 5 100 个网点（见图 9-1）。

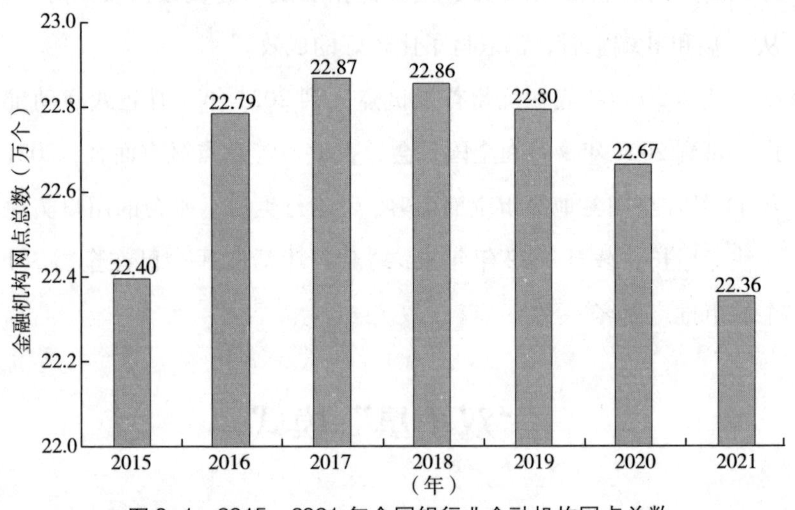

图 9-1　2015—2021 年全国银行业金融机构网点总数

资料来源：中国银行业协会。

商业银行传统经营模式下，客户营销工作主要围绕网点开展，一般包含两大类：一类是“等客上门”式营销，营销人员在客户自发到网点办理业务时进行产品宣传推荐；另一类是“主动出击”式营销，网点员工主动到人流集中区域进行线下地推，或者通过电话、短信等线上方式进行客户营销。无论是“等客上门”

还是“主动出击”，均高度依赖于线下场所流量与员工时间投入，效率低下，服务覆盖受能力所限，服务大众只能成为一个美好的愿景，原有经营效益下降也是残酷的现实。商业银行以网点为主要的客户触达与营销渠道的传统经营模式面临巨大挑战。

在发展金融科技与普惠战略的新金融理念推动下，建设银行在探索发展“第二曲线”的过程中，改变了传统网点经营模式，将“手机银行”与“建行生活”作为建设银行核心内环“双子星”，共同承担线上客户触达和服务经营任务，传统商业银行与互联网科技对接，进化成为大众的高效数字化服务平台。

“事实上，在很多客户眼里，一个 App 就是一家银行，打开 App 就等于进了银行。”这是开发团队的共识。

建设银行的手机银行发展历史很长，自 2011 年手机银行 1.0 版问世至今，其间经历了无数次迭代，其发展也体现了金融科技发展的缩影。手机银行 1.0 版，引领移动金融服务从功能机向智能机的转型。2012 年我国手机网民的数量首次超过电脑网民的数量，手机银行 2.0 版从“拟物”设计向扁平化设计风格转变，金融服务从相对简单的交易辅助功能向全业务领域的金融功能转变。2014 年手机银行 3.0 版推出，增加了消息推送、业务提醒等更多的服务，一些功能比线下渠道优先安排部署。2017 年手机银行 4.0 版推出，以“亲上加轻”的设计理念全新改版，在页面增加广告栏位等信息，从交易辅助型向自主营销型转变，手机银行开始拥有了互联网生态下自主获客经营能力。2021 年手机银行 5.0 版推出，致力于为用户提供数字化、智能化、个性化的综合金融服务，让手机银行成为用户享受数字服务的第一触点。

2022年起，建设银行手机银行开启从渠道向平台转型，从电子渠道“修路”“租店铺”思维向平台化经营思维转变，逐步建立起为手机银行整体负责、为手机银行平台业务负责、为具体产品旅程负责、为最终交付的用户体验负责的敏捷迭代响应的平台化运营体系，支撑全行的数字化转型及高质量发展，手机银行用户达到了4.4亿。

在“建行生活”开发初期，考虑到节约开发与运营成本的因素，曾设想将这些功能整合进手机银行，而且手机银行多年来依托金融服务已经积累起相当的流量基础和运营经验。但从平台定位与用户心智的角度看，手机银行承担着保障客户账户资金安全的责任，相当于客户的“保险箱”，需要牺牲部分体验，把安全性放在首位，登录、使用门槛较高。而互联网用户对生活场景服务的体验要求以便捷性为主，用户需要的是一个门槛较低、功能较轻、便于适用不同生活场景的“零钱包”，手机银行在使用体验上难以满足用户的此类需求。

因此，建设银行决定实施“双子星”部署。“双子星”在平台定位上各有侧重，手机银行聚焦金融服务场景建设，构建覆盖全功能金融服务的数字化经营主平台，实现建设银行金融客户价值提升；“建行生活”聚焦生活服务类和消费金融类场景建设，搭建商户深度经营平台，以支付连接商户，通过活动和内容运营活跃客户。

从经营链路看，“建行生活”通过优质场景服务与活动权益实现客户触达、活跃，持续从“公域”中引导客户流量进入建设银行“私域”，培养客户尤其是年轻客群对建设银行品牌与服务的初步认知，并直接提供支付、信用卡、零钱理财等基础金融服务。当客户触发基金、理财、保险、贷款等专业金融服务需求时，平台将引导客户无缝跳转进入手机银行完成相关服务，实现客户进阶。对于行内存量低价值客户，“建行生活”通过“高频”生活场景承接手机银行“低频”存量金融客户，并依托互联网化运营提升客户黏性，在“高频”互动中进行数据信息资产沉淀，实现大数据增信与营销精准触达，从而向手机银行金融业务回流，助力客户价值提升。通过手机银行与“建行生活”的分工协同，推动“双子星”用户互认、场景互通、流量互导、权益互享、营销互动，持续获取新客户、活跃老客户，实现双向循环和螺旋生长，驱动建设银行价值客户增长飞轮（见图 9-2）。

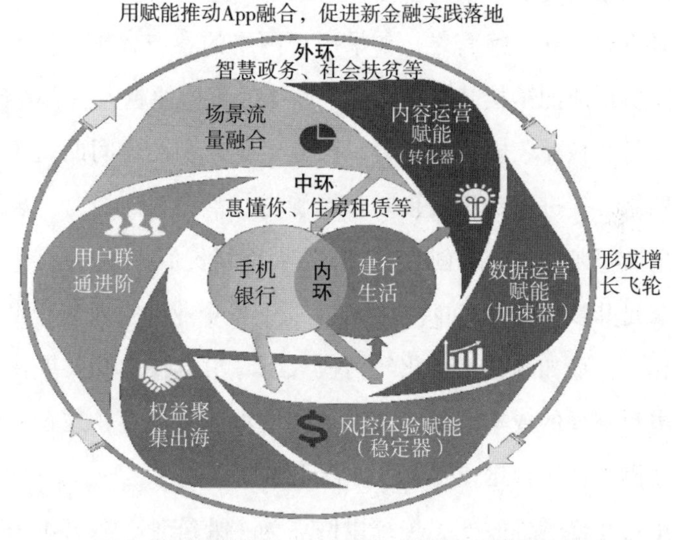

图 9-2　建设银行“双子星”价值客户增长飞轮

“双子星”是建设银行新金融理念的重要实践，以科技之手搭建线上数字化平台，以共享理念连接社会民生各行各业，以普惠服务惠及亿万百姓美好生活。在运营模式上，主要有三大特征。

一是生态和开放。 传统商业模式所搭建的渠道是封闭的，仅实现自利。杰奥夫雷·G. 帕克（Geoffrey G. Parker）等在《平台革命》（*Platform Revolution*）一书中，将这种传统模式描述为“管道商业”，并提出在数字化颠覆中，平台模式将通过消除守门人和创造社群反馈回路吞噬传统管道。“建行生活”不限制他行客户，不限制收单商户，向所有用户、商户、政府免费提供服务，搭建了一个开放共享的生态平台，在“利己”和“利他”的有机结合中推动建设银行经营模式转变。

二是网络效应。 著名的梅特卡夫定律指出，一个网络的价值等于该网络内的节点数的平方，而且该网络的价值与联网的用户数的平方成正比。换言之，如果一个网络的参与者越多，各参与者之间所形成的链接越密集，这个网络的价值便越大。“双子星”通过支付、权益、内容等运营，构建了用户和商户间的高频互动交易网络，促进平台规模正向双螺旋增长，为客户经营与金融转化奠定流量基础，从而创造更大的平台网络价值。

三是非线性经营。 传统经营模式下，企业的投入与产出一般呈正相关。而如今在平台化经营模式下，信息技术的发展使平台得以甩掉规模的成本包袱，实现边际成本趋近于零，这正是近年来互联网电商平台迅速席卷各行各业的重要原因之一。“双子星”通过平台化经营，改变了传统以网点为主要阵地、靠员工一对一营销的低效经营方式，有效提升了建设银行的客户服务能力和触达营销能力，开启了建设银行非线性经营的探索。

“双子星”使银行从封闭柜台走向开放平台，以互联网平台生态的全新方式，将客户端需求与银行端供给重新建立连接，提升供需之间的关系黏性与匹配效率，实现经营效率提升。“建行生活”通过借鉴运用互联网电商平台经营模式，引领建设银行客户经营阵地从“封闭自有”的线下柜台，向“开放共享”的线上平台迁移，极大限度提升了经营效率。从客户触达效率层面看，建设银行网点柜面和智慧柜员机日均服务客户总数150万左右，而手机银行日均服务客户1 800万、“建行生活”平台日活跃用户数约400万。虽然各个渠道承担的经营任务不可直接比较，但仅从客户触达效率层面看，手机银行和“建行生活”日均触客规模已是线下网点的14倍。这改变了以往经营任务逐层分解的线性经营模式，而是直接由总行集约化开展直营，在大幅提升经营效率的同时，也切实为基层赋能减负。

“双子星”让金融走向日常生活，实现触达方式升级。互联网行业崇尚“流量为王”，谁掌握了流量，谁就拥有了创造资本奇迹的可能，而流量主要来自刚需高频的生活场景。因此，“高频场景+高流量”是形成高收益商业模式的重要基础。与日常生活场景相比，银行金融服务属于典型的低频服务，因此在商业银行数字化经营转型的浪潮中，将金融服务与生态场景深度融合，建设场景金融已成为新的竞争高地。“双子星”将建设银行与客户的连接触角从金融服务延伸至日常生活，将线下服务阵地从营业网点拓展到千家万户，将与客户的关系从资金账户关系升级为生态流量关系，全面提升了对客服务的广度与深度。这种全新的生态化触达方式产生的效果，也在“建行生活”用户运营的过程中得以初步体现。平台用户中一半以上为年轻群体，近90%为资产管理规模在5万元以下的长尾客户，彰显出较强的年轻客群与长尾客群触达服务能力。

面对老龄化的大趋势，“双子星”没有忘记老年人。当前，我国60岁以上人口已超过2亿，建设银行手机银行55岁以上的用户占比也达到15%。调查发现，老年用户使用App主要问题包括看不清界面内容、记不住操作步骤、不明白操作含义，导致不会用、不想用、不敢用。在适老化改造之后，很多网站和App的字体更大、更醒目了，解决了老年用户看不清的问题。但其实，仅放大字体还不够。老年用户并不仅仅是“看不见”手机屏幕上的字，而是“看不懂”这些字背后那个数字世界的逻辑。老年人真正遇到的问题，不是字小，帮助老年人真正理解科技世界背后的交互逻辑才是真正需要的适老化改造。

于是，手机银行的“同屏协助”功能上线了。建设银行针对老年用户记不住操作步骤，希望子女帮助指导而子女又难以常伴左右的情况，在严格核验身份的前提下，老年用户可向子女发起求助，手机银行操作界面同步发至子女手机屏幕，方便晚辈更直观指导长辈使用。手机银行还提供“一键求助”服务，老年用户可快速直接联系人工客服解疑答难。除了可点选App中图标办理各项操作，还提供智能语音服务。用户可通过呼叫“班克班克，我要转账”的方式调出转账功能页面，以对话模式完成业务办理。

有人说，为年轻人而设计就排除了老年人，为老年人而设计将包容年轻人。因为老年人的优势在于他们年轻过，更知道什么才是真正的好东西。而大众的金融服务，一定要眼睛里有人，关注每一个平凡而具体的普通人，无论长幼。

建设银行手机银行的经营部门负责人姜俊在谈到自己的体会时说道：“统筹打造建设银行移动金融生态，以‘双子星’飞轮转动，助力全行价值创造。践行新金融行动中沉淀的从用户视角设计的产品研发能力、基于用户全生命周期的增长能力、以价值变现为导向的流量运营能力、基于数据中台的业务侧数据运营能力、基于用户洞察的体验运营能力、兼顾体验平衡的风险防控能力，这‘六大数字化能力’是建设银行高质量发展的钥匙，是支撑全行业务拓维升级、提质增效的公共底座，系统迭代了建设银行服务实体经济的范式方法。‘双子星’将不断连接每一个用户对生活的美好期待，让每一个人的向往更有力量。”

“双子星”从银行本位走向客户主权，实现经营理念转变。在客户主权时代，需求不再是由银行提出，而是由客户在体验交互中不断捕获，银行与客户的关系正在从“一锤子买卖”关系向“客户维护性关系”转变，这需要银行为客户提供持续性的关怀互动以及更加多元化的服务，让客户切实感受到“银行一直在我身边”。

“双子星”是建设银行顺应客户行为趋势、推动数字化转型的关键探索，是建设银行构建“第二曲线”的重要成果，未来有望深刻改变建设银行的经营服务模式和运营效率。

结语

从心出发

人，无论被认为有多么自私，天性中显然还是有着某种情愫，会促使我们去关心别人的命运，从而把别人的幸福当作自己的幸福。

——亚当·斯密，《道德情操论》

有人说，金融源自“金币之融通”；也有人说，金融是“偿还借债”的意思。从公元前的美索不达米亚文明开始出现的类似银行性质的商业机构，到我国周朝时期的官方借贷机构“泉府”，北宋的“交子铺户”，清朝拥有存贷汇功能的票号，再到 19 世纪支撑着大英帝国走向繁荣的商业银行；从意大利伦巴第区的货币兑换柜台，到威尼斯可以实现账户汇票结算和资金转移的“书写的银行”；从蒸汽机引发的工业化对资金的大量需求，到第二次工业革命逐步完善资金筹措的相关制度，商业银行的运作模式逐步完善。那些服务于人们的基本生活、生产、迁移、发展需求的交易活动，随着生活需求的增加，生产力的发展，技术的进步，生长成一个庞大的行业，日趋密切地融入一切经济活动之中。经过千百年锤炼而形成的商业模式，在历史长河中逐渐形成一股巨流，它沉稳而有力地推动着整个社会前进。

由于现代商业银行逐渐聚集的金融能量日益增长，对社会生活来说，它像大自然一样，送来雨露阳光，也伴有风暴雷霆，它载舟也覆舟，被赞美也遭痛恨，但从未被忽略。在新的技术革命时代，与其他行业一样，由于互联网的出现，金融科技颠覆传统金融生态，让金融的力量更加强大。政府在监管上不断发力，期待通过调整方向，修正航道，让它平稳前行，推动经济发展。与此同时，各种新技术赋能的市场力量被新的需求推动着，不断寻找突破，探索用新的模式替代这些“大而不倒”的传统商业银行，“银行的消失”成为一种预言，而且显然也符合很多人的期待。

对于大银行的经营者来说，“这是一个最好的时代，也是一个最坏的时代”。顺应时代的变化，让自己进化成为有益于进步的新势力，可以造就一个行业的新辉煌，成为时代的宠儿；而落后于时代变化，则会真的成为一个“故事”，诉说市场变迁的无情无义。公平地说，所有商业银行这些年来已经进行的创新和变革数不胜数，令人眼花缭乱，无论是服务方式和服务产品，还是监管制度和风险管理，抑或内部流程和智能化管理、人力资源等，对于银行从业者来说，变革和创新的进行并不陌生，变革本身就是传统，这是金融业过去走来的强大之路。从业者的工作从来如此，只不过这次的变化，由于数字化时代的缘故，一切都是如此快速地发生，甚至被称为数字金融“革命”。在这个时代，如何寻找不同以往的进化之路，显然是所有经营者共同面临的严峻挑战。

建设银行作为国有商业大行，意识到当一个新的时代来临，仅仅脚步匆匆地用产品和流程的变革解决社会变化带来的新需求和新问题，无法摆脱追随的疲倦和被动。对于一个庞大的金融机构，如何找到新时代的发展方向，还要从服务社会的大维度上思考，或者说从金融服务的本质和初心出发，也许能帮助我们从纷乱的变化中理清思路。

我们对亚当·斯密在《国富论》中提出的“看不见的手”这一理论非常熟悉，这是指在自由市场经济中从个人自身利益出发能创造商品供求的平衡。“事实上，亚当·斯密对《道德情操论》一书中的思想更为自豪。”“他论证说，‘人，无论被认为有多么自私，天性中显然还是有着某种情愫，会促使我们去关心别人的命运，从而把别人的幸福当作自己的幸福。’”“正是这一点构成了‘市场看不见的心’”。[①] 从金融业的历史发展轨迹来看，它确实不是少数人制造财富的数学工具，它的发展是因为一直提供提高企业生产率和改善人们生活的解决方案。但是，随着生产力的提升，经济发展速度与社会制度之间的不均衡，让市场经济的“手”与“心”逐渐脱离，金融机构关注自身效益多过社会效益，加上技术工具的局限性，使其服务越来越不尽人意，风险逐渐聚集，大多数人的需求得不到响应。在社会主义市场经济体制下，作为国有商业银行，应胸怀服务最广大人民群众之心，越是在变化之中，越要听从这颗心的召唤。

从这样的初心出发，我们就会看到：数字化时代是“普惠”的时代，互联网技术打破了信息传播的不对称性，当网络公平地覆盖所有人的时候，生产和生活都带来令人称奇的可喜变化。我们看到数字时代可以带来资源的公平，那么，金融服务的资源配置不公平这个被诟病的老大难问题，也将随着金融科技赋予的服

① 罗纳德·科恩．影响力投资［M］．孙含晖，蒋昱廷，译．北京：机械工业出版社，2023.

务大众能力，而得到解决。如果让二八定律颠倒过来，让金融服务全面普及，成为“大众金融”，金融机构的进化方向就会变得清晰。抓住这个进化的本质，回归金融的“服务”特性，回归市场经济的公平性，那么金融科技的强大力量将使得传统商业银行不仅考虑本身的经营效益，而且有能力站在社会进步的道德高度承担起更大的责任。也因为如此，在坚定数字化金融的实践中，把通过数据共享平台解决社会急迫问题和为大众提供服务便利作为首要任务。简单地说，我们的方向是让科技的力量造福大众，让算法服务大多数人的利益，避免仅仅少数人获利而让社会承担金融风险。

基于道德和技术的基本考虑，建设银行以普惠金融、住房租赁、金融科技“三大战略”作为路线图开启了进化之路。从规模上讲，排行世界第二的银行，它的探索是一种“大象跳舞”。不得不说，它的动作笨拙，跳起来费劲，也容易错步。但是它一旦跳了起来，则是一种内生动力的体质提升，成为一种“物种”的进化，因而带来更大的影响。

举例来说，普惠金融是国际上无数金融人和经济学者苦苦追求的金融公平，但是规模小是商业模式的难点，即使最受赞誉的知名小额信贷银行，也因为不得不用高利率维持机构的生存而留有遗憾。而建设银行的数字平台上千万级的客户群实现了真实的普惠——小额、低息和快速，同时银行风险下降，效益得到保证；还可以看到“双子星”模式，用互联网思维再造了渠道、场景和服务的多样化，让银行从里向外给人新的体验。更多的产品层出不穷，一一解决服务触达和服务便利化问题，让更多人享受到大银行的服务，让金融变得亲切和有温度。这个实践结果令人兴奋。

基于同样的初心，针对房地产金融的风险问题，作为房地产金融大行的建设银行率先启动“住房租赁”战略，推出住房租赁金融产品，提供新的解决方法，让人们在追求美好生活改善居住环境时有多样化的选择。面对市场的考验，社会痛点问题也可以变为新的市场机会，相信金融可以作为一把温柔的手术刀，在解决风险的过程中提升银行服务的社会价值。近年来，建设银行在各地尝试不同的方法，虽然距离解决问题还有很长的路，但已经迈出了坚实的步伐。

处在数字金融革命的时代，大商业银行数字化的本身又推动了金融行业的数字化平台建设。建设银行秉持服务大众需求的初心，依托金融科技和数字化，将金融变得更多元、更综合、更便利。科技摆脱了高冷生涩的面貌，融入一项项充满温度的便利金融服务，走进人们的生活，成为银行服务大众的最有效依托。因此，建设银行没有止步于自己的数字化进阶，在大量的实践之后，不仅自己在金融科技上获得优势，还为更多的金融机构提供解决方案，从数字技术角度推动金融业的更大变革。

展望商业银行的未来，当银行把为大众服务作为使命，不难看到它不是消失，而是变为更多的不同的炫目场景：

- 银行不再只是高楼大厦和保险柜，它好像在更高维度上，成为巨大的数据平台，存在于无形的云端和网络中，似乎无处不在，无论人们身在哪里，招之即来……
- 银行不再只是财务管理的资金报表，它可以俯身融入实体经济的运行中，在它的平台上，所有客户相互构成了供应链，所有数据都参与生产、销售、运输、仓储的各个环节……

· 银行不再只是因为与货币有关联而严格保安的业务空间，它的大门变得更宽了，成为人来人往的社区共享服务中心。这里有多种功能，老人和孩子乐享生活，居民互帮互助，劳动者也能歇息片刻；还能办理证照，处理政务……
· 银行不再只是大客户的理财顾问，它是所有企业和家庭的管家，无论贫富，客户都是独立的个体，平台上的需求千变万化，客户的体验和它的风险防控同步提升，人们会更安心……
· 银行不再只是精英人才的工作场所，它是年轻人学习和创新的平台。数字化金融将彻底改变银行的组织结构和工作形态。在数字平台上，人工智能将替代所有以往那些严格管理的日常流程工作。银行将成为用金融资源支持和参与创新的平台，解决社会问题的平台。需要人的工作将是定义和发现新问题，解决个性化新需求，因为这些工作需要人类的智慧、良知和关怀。为了承担这个责任，银行本身也必须成为强有力的学习平台和研究平台，我们看到这里将聚集更多的优秀学习者和创业者，实现“人人为我，我为人人”的理想……

这些都是正在发生着、正在搭建中的场景。那只勤劳的“看不见的手”，还有种种来不及记住名字的新技术，让我们的服务场景变化万千，挑战应接不暇。然而此刻，对我们来说最重要的是在这些纷乱多彩中不迷失方向，让这颗为大众服务的心得到安放。

金融是一份服务社会的美好事业。我们做的一切，是在实践为大众服务的使命。

致谢

在写作本书的过程中，生柳荣、张为忠、林朝晖、朱玉红、尚朝辉、吴敏、文爱华、陈中新、樊庆刚、李洪茂、江文波、刘军、林顺辉、王燊、雷鸣、孙剑波、姜俊、于保月、张应丰、周书恒、绳晖、刘超、许敏、张洁、段玮珅、魏骁勇、丁鹊、李文博、邹新菊、龙昊、李曦、容洁、陈晨、张剑涛、宋伟、文世航、徐炜楠等为本书创作提供案例，并对书稿提供大量宝贵意见。

彭钢、刘东杰、王礼、王铁群、刘怡、杨萱对本书创作提供组织保障。

参考文献

[1] [澳] 布莱特·金. 银行4.0 [M]. 施铁，张万伟，译. 广州：广东经济出版社，2018.
[2] [澳] 杰里米·巴尔金. 影响力投资：为什么说金融是一种向善的力量 [M]. 黄延峰，译. 北京：中信出版社，2017.
[3] [法] 托马斯·皮凯蒂. 21世纪资本论 [M]. 巴曙松，等，译. 北京：中信出版社，2014.
[4] [美] 爱德华·肖. 经济发展中的金融深化 [M]. 邵伏军，许晓明，宋先平，译. 上海：格致出版社，2015.
[5] [美] 罗伯德·麦金农. 经济发展中的货币与资本 [M]. 卢骢，译. 上海：上海人民出版社，1997.
[6] [美] 罗伯特·希勒. 金融与好的社会 [M]. 束宇，译. 北京：中信出版社，2012.
[7] [美] 弗里曼. 战略管理：利益相关者方法 [M]. 王彦华，梁豪，译. 上海：上海译文出版社，2006.
[8] [美] 杰姆斯·汉考克，肖恩·里奇蒙德. 消失的银行 [M]. 王浩宇，杨丽萍，译. 北京：中信出版社，2017.
[9] [美] 克莱顿·克里斯坦森. 创新者的窘境 [M]. 胡建桥，译. 北京：中信出版社，2014.
[10] [美] 克莱顿·克里斯坦森，艾佛萨·奥热莫，凯伦·迪伦.

繁荣的悖论［M］．陈劲，姜智勇，译．北京：中信出版社，2020.

［11］Morris Goldstein. The Asian Financial Crisis：Causes，Cures，and Systemic Implications［J］. *Canadian Public Policy*，1998（4）.

［12］刘俏．我们热爱的金融［M］．北京：机械工业出版社，2020.

［13］［美］伊查克·爱迪思．企业生命周期［M］．王玥，译．北京：中国人民大学出版社，2017.

［14］［美］约翰·R. 博特赖特．金融伦理学：第三版［M］．王国林，译．北京：北京大学出版社，2018.

［15］［美］约瑟夫·熊彼特．经济发展理论［M］．何畏，易家详，等，译．北京：商务印书馆，1990.

［16］［孟加拉］穆罕默德·尤努斯．穷人的银行家［M］．吴士宏，译．上海：生活·读书·新知三联书店，2006.

［17］［意］卡洛·M. 奇波拉．欧洲经济史：第二卷［M］．贝昱，张菁，译．北京：商务印书馆，1988.

［18］［英］考特．简明英国经济史［M］．方廷钰，译．北京：商务印书馆，1992.

［19］［英］查尔斯·汉迪．第二曲线：跨越"S 型曲线"的二次增长［M］．苗青，译．北京：机械工业出版社，2017.

［20］［英］马克奈特．2022 年度《银行家》世界银行 1000 强排名：中国银行业一级增速超越美国［J］．银行家，2022-7-4.

[21] 北京大兴“五务”模式助力稳经济促发展［EB/OL］. 光明网，2022-6-27. https：//m. gmw. cn/baijia/2022-06/29/35845392. html.

[22] 国务院印发《推进普惠金融发展规划（2016—2020 年）》［EB/OL］. 中国政府网，2016-1-15. http：//www. gov. cn/xinwen/2016-01/15/content_5033105. htm.

[23] 招商证券. 历史上的三次石油危机，最后都发生了什么？［EB/OL］. 金融界，2022-3-8. http：//stock. jrj. com. cn/hotstock/2022/03/08082534539879. shtml.

[24] 全球六次金融大危机：起源、导火索、传导机制、影响及应对［EB/OL］. 泽平宏观，2020-5-6. https：//mp. weixin. qq. com/s？biz=MjM5MDAyNzQ0MA==&mid=2651244299&idx=1&sn=52530d07fca7d81e81e257becf14645a&source=41.

[25] 全球市场“熊出没”，道指周跌幅进入历史前十［EB/OL］. 第一财经，2020-3-17. https：//www. yicai. com/news/100552407. html.

[26] 致富路上新“薯”光［EB/OL］. 甘肃政务服务网，2022-11-29. https：//zwfw. gansu. gov. cn/dingxi/tsfw/yshjzq/xxdt/art/2022/art-d76d1ee8623f4fb1afd7587252bdd008. html.

[27] 中共中央国务院关于实施乡村振兴战略的意见［EB/OL］. 央广网，2018-1-2. https：//baijiahao. baidu. com/s?id=1591478945446065067&wfr=spider&for=pc.

[28]《中国绿色金融发展报告》编写组. 我国绿色贷款业务分析［J］. 中国金融，2021（12）.

[29] 中华人民共和国国民经济和社会发展第十四个五年规划和2035年远景目标纲要 [EB/OL]. 国家发展和改革委员会官网, 2021-3-23. https://www.ndrc.gov.cn/xxgk/zcfb/ghwb/202103/t20210323-1270124.html.

[30] Belk R. W.. Sharing [J]. *Journal of Consumer Research*, 2010 (5).

[31] 贝多广. 案例启示方向——读《中国普惠金融典型案例》[J]. 中国金融, 2021 (10).

[32] 曾圣钧, 李金金, 郑辉. "双碳"背景下的银行绿色金融产品创新 [J]. 产业创新研究, 2022 (3).

[33] 陈斌辉. 以金融科技破解小微企业融资困境 [J]. 银行家, 2021 (7).

[34] 陈国进, 丁赛杰, 赵向琴, 等. 中国绿色金融政策、融资成本与企业绿色转型——基于央行担保品政策视角 [J]. 金融研究, 2021 (12).

[35] 陈伟, 曹军新. 新兴市场国家代理银行的发展与普惠金融的实现 [J]. 新金融, 2012 (7).

[36] 陈雨露. 工业革命、金融革命与系统性风险治理 [J]. 金融研究, 2021 (1).

[37] 高杨, 王军, 魏广成, 等. 2021中国新型农业经营主体发展分析报告 (一) [N]. 农民日报, 2021-12-17.

[38] 郭琳, 何海峰. 大型银行助力中小银行数字化转型 [J]. 中国金融, 2021 (16).

[39] 何凌云, 吴晨, 钟章奇, 等. 绿色信贷、内外部政策及商业

银行竞争力——基于 9 家上市商业银行的实证研究 [J]. 金融经济学研究，2018（1）.
[40] 侯召祥. 事业单位国有资产共享共用机制研究 [D]. 北京：中国财政科学研究院，2018-6.
[41] 黄洁，王大地. 践行 ESG 理念 服务经济高质量发展 [N]. 经济参考报，2021-11-23.
[42] 黄志凌. 金融变革与银行守正 [M]. 中国金融出版社，2021.
[43] 霍云鹏. 守正创新 构建金融服务乡村振兴新格局 [N]. 中国农村信用合作报，2022-4-26.
[44] 贾根良. 评佩蕾斯的技术革命、金融危机与制度大转型 [J]. 经济理论与经济管理，2009（2）.
[45] 姜欣欣. 中国普惠金融的十年成就与发展前景 [N]. 金融时报-中国金融新闻网，2022-10-10.
[46] 雷良海，魏遥. 美国次贷危机的传导机制 [J]. 世界经济研究，2009（1）.
[47] 李丹. 建行“创业者港湾”让科创活力迸发 [J]. 中国金融家，2021-5-11.
[48] 李森辉. 构建普惠金融指标体系的路径研究 [J]. 福建金融，2018（3）.
[49] 刘志洋，解瑶姝. 金融功能论视角下金融科技服务绿色金融发展机制分析 [J]. 学习与实践，2022（7）.
[50] 鲁政委，方琦. 金融监管与绿色金融发展：实践与研究综述 [J]. 金融监管研究，2018（11）.
[51] 吕家进. 完善绿色金融体系 助力商业银行可持续发展

[J]. 清华金融评论，2021（12）.
[52] 马险峰，王骏娴. 上市公司ESG信息披露制度思考[J]. 绿色金融，2021（20）.
[53] 秦薏颜，孔凡圣. 构建“金融+科技”双向赋能服务体系 中国建设银行黑龙江省分行服务科技创新助振兴[J]. 国企，2022-11-30.
[54] 任泽平. 预售制研究报告：中国现状、国际经验与启示[EB/OL]. 泽平宏观，2022-7-27. https://baijiahao.baidu.com/s?id=1739382089669989461&wfr=spider&for=pc.
[55] 沈璐，廖显春. 绿色金融改革创新与企业履行社会责任——来自绿色金融改革创新试验区的证据[J]. 金融论坛，2020（10）.
[56] 斯丽娟，曹昊煜. 绿色信贷政策能够改善企业环境社会责任吗——基于外部约束和内部关注的视角[J]. 中国工商经济，2022（4）.
[57] 经济学：普惠金融与包容性经济增长之间的关系[EB/OL]. 识界财经，2022-6-13. https://baijiahao.baidu.com/s?id=1735501289564214229&wfr=spider&for=pc.
[58] 孙树强. “开辟式创新”推动经济增长大有可为[J]. 金融博览，2022（7）.
[59] 王昌海，崔丽娟，马牧源，等. 湿地资源保护经济学分析——以北京野鸭湖湿地为例[J]. 生态学报，2012（17）.
[60] 王馨，王营. 绿色信贷政策增进绿色创新研究[J]. 管理世界，2021（6）.

[61] 王修华，周翼璇．破解金融排斥：英国的经验及借鉴作用［J］．理论探索，2013（6）．
[62] 王振宇．非洲数字普惠金融分析［J］．新金融，2019（3）．
[63] 吴若冰，马念谊．数字普惠金融高质量服务乡村振兴研究——基于全国农信系统数字普惠金融实践［J］．区域金融研究，2022（5）．
[64] 肖潇．欧债危机的近况及影响［J］．国际金融，2011（10）．
[65] 谢志刚．“共享经济”的知识经济学分析——基于哈耶克知识与秩序理论的一个创新合作框架［J］．经济学动态，2015（12）．
[66] 许思萌，林贤英，刘烁仪．双循环格局下区域金融中心发展效率影响机制研究［J］．特区经济，2022（4）．
[67] 杨红雨．共享发展理念视域下的共享经济研究——以共享单车为例［J］．重庆电子工程职业学院学报，2018（1）．
[68] 叶谦，沈文颖．拉美债务危机和欧洲债务危机成因的比较及其对我国的启示［J］．经济问题探索，2011（10）．
[69] 易纲．新中国成立70年金融事业取得辉煌成就［J］．中国金融，2019（19）．
[70] 尹以庄．谈金融业在构建和谐社会中的责任［J］．时代金融，2007（9）．
[71] 尹振涛．金融科技助力经济高质量发展［EB/OL］．新浪财经，2022-8-18. http：//finance. sina. com. cn/jjxw/2022-08-18/doc-imizirav8644948. shtml.

［72］尹志超．坚持取信于民、造福于民 推进新时代金融事业发展［EB/OL］．光明网，2022－10－11. https：//m. gmw. cn/baijia/2022-10/11/36077969. html.

［73］张松峰．起起落落说“股”事（之五）“黑色星期一”——股市灾难篇（上）［J］．宏观经济管理，2007（10）.

［74］张元英．涓埃之微与丘山之巨［N］．南方周末，2021－6－1.

［75］张占斌．以制度系统集成创新扎实推动共同富裕［J］．马克思主义与现实，2022（2）.

［76］中共中央办公厅 国务院办公厅印发《数字乡村发展战略纲要》［A/OL］．2019－5－16. https：//www. gov. cn/zhengce/2019-05/16/content-5392269. htm.

［77］中国建设银行，中国经济信息社．中国普惠金融蓝皮书：2018［M］．北京：新华出版社，2018.

［78］中国建设银行董事会办公室 ESG 课题组．践行 ESG 理念 以新金融推动可持续发展［J］．中国银行业，2021（8）.

［79］中国证券投资基金业协会，国务院发展研究中心金融研究所．中国上市公司 ESG 评价体系研究报告［M］．北京：中国财政经济出版社，2018.

［80］朱隽．让数字化更好促进乡村善治［N］．人民日报，2022-5-13.